Bernhard Stentenbach

Themenwortschatz Französisch

*Ausdrücke und Wendungen
zu den Themen des aktuellen Lebens*

smf

smf-Buch
sicher in modernen Fremdsprachen

Copyright © 2014 Bernhard Stentenbach, Langenfeld
Umschlaggestaltung: Katja Eilders, Leichlingen
Herstellung und Verlag: Books on Demand GmbH, Norderstedt
Made in Germany
ISBN 978-3-7357-4297-1

Vorwort

Der Themenwortschatz Französisch soll die Kommunikation über allgemein interessierende Themen des aktuellen Lebens erleichtern. Im Vordergrund stehen prinzipiell nicht die jeweiligen thematischen Stichwörter, sondern häufig vorkommende wichtige Wortverbindungen und Ausdrücke. Die kurzen, griffigen Sätze enthalten Gedanken von hoher thematischer Aktualität, die sich leicht entsprechend den persönlichen Äußerungsbedürfnissen verändern lassen. Die thematischen Stichwörter sowie besonders einprägsame Formulierungen werden optisch hervorgehoben. Die Sätze sind in einer relativ einfachen Grammatik abgefasst, was für eine flüssige Kommunikation sehr förderlich ist. Zur Unterstützung einer produktiven Sprachverwendung enthält das Buch mehrere grau unterlegte thematisch orientierte Zusammenstellungen von Wörtern und Wendungen.

Abkürzungen

adv.	*adverbe*
etw.	etwas
f.	*féminin*
fut.	*futur*
inf.	*infinitif*
jdm	jemandem
jdn	jemanden
m.	*masculin*
pl.	*pluriel*
qc	*quelque chose*
qn	*quelqu'un*

Inhalt

1	**Familie**	**7**
1.1	Familie	7
1.2	Partnerschaft	10
1.3	Alleinerziehende	11
1.4	Kinder	11
1.5	Beruf und Familie	13
2	**Jugendliche**	**16**
3	**Ernährung**	**19**
3.1	Essen und Trinken	19
3.2	Gesunde Ernährung	24
4	**Medizin**	**27**
4.1	Gesundheit	27
4.2	Krankheit	28
5	**Schule, Studium**	**37**
5.1	Schule	37
5.2	Studium	43
6	**Ausbildung, Beruf**	**45**
6.1	Ausbildung	45
6.2	Beruf	46
7	**Handy, Computer, Internet**	**50**
7.1	Handy	50
7.2	Computer und Internet	51
7.3	Computerspiele, Surfen, Chatten	54
8	**Freizeit, Musik, Sport**	**57**
8.1	Freizeit	57
8.2	Musik	59
8.3	Sport	61

9	**Urlaub, Reisen, Tourismus**	**65**
9.1	Urlaub	65
9.2	Reisen	66
9.3	Tourismus	70
10	**Gesellschaft**	**72**
10.1	Ältere Menschen	72
10.2	Soziale Gruppen	74
10.3	Integration	77
10.4	Ausländer	78
11	**Wirtschaft**	**81**
11.1	Wirtschaft und Globalisierung	81
11.2	Wirtschaftspolitik	83
12	**Staat, Politik**	**86**
12.1	Kriminalität, Gewalt	86
12.2	Jugendgewalt	89
12.3	Terrorismus	91
13	**Umwelt, Klima, Energie**	**92**
13.1	Umweltschutz	92
13.2	Verkehr und Umwelt	93
13.3	Klimawandel	95
13.4	Energieproblem	96

1 Familie

1.1 Familie

Familie und Verwandtschaft

*mein **Mann**/ meine **Frau***	mon **mari**/ ma **femme**
*in meiner **Familie***	dans ma **famille**
*Haben Sie **Kinder**?*	Vous avez des **enfants**?
*Was macht Ihre **Tochter**/ Ihr **Sohn**?*	Que fait votre **fille**/ votre **fils**?
*bei meinen **Eltern***	chez mes **parents**
*bei meiner **Mutter**/ bei meinem **Vater***	chez ma **mère**/ chez mon **père**
*bei meinen **Großeltern***	chez mes **grands-parents**
*Meine **Oma** lebt bei uns.*	Ma **grand-mère** vit chez nous.
*Mein **Opa** ist schon **tot**.*	Mon **grand-père** est déjà **mort**.

Familie und Verwandtschaft

meine Familie	ma famille
mein Vater	mon père
meine Mutter	ma mère
meine Eltern	mes parents
mein Bruder	mon frère
meine Schwester	ma sœur
———	———
mein Mann	mon mari
meine Frau	ma femme
meine Kinder	mes enfants
mein Sohn	mon fils
meine Tochter	ma fille
———	———

mein Opa	mon grand-père
meine Oma	ma grand-mère
meine Großeltern	mes grands-parents
mein Enkel	mon petit-fils
meine Enkelin	ma petite-fille
meine Enkelkinder	mes petits-enfants
mein Onkel	mon oncle
meine Tante	ma tante
mein Neffe	mon neveu
meine Nichte	ma nièce
mein Cousin	mon cousin
meine Cousine	ma cousine
mein Schwiegervater	mon beau-père
meine Schwiegermutter	ma belle-mère
meine Schwiegereltern	mes beaux-parents
mein Schwiegersohn	mon gendre
meine Schwiegertochter	ma belle-fille
mein Schwager	mon beau-frère
meine Schwägerin	ma belle-sœur

Kontakt

*einen guten **Kontakt** haben zu ...*	avoir un bon **contact** avec ...
*Er/ Sie **besucht** uns oft..* (jdn besuchen (kommen))	Il/ Elle **vient nous voir** souvent. (venir voir qn)
***Ich besuche** ihn/ sie selten.* (jdn besuchen (gehen))	**Je vais le/ la voir** rarement. (aller voir qn)
*Ich **rufe** ihn/ sie jeden Tag **an**.* (jdn anrufen)	Je l'**appelle** tous les jours. (appeler qn)
*Ich **telefoniere** mit ihm/ mit ihr alle zwei Tage.* (mit jdm telefonieren)	Je lui **téléphone** tous les deux jours. (téléphoner à qn)

Konflikt

*Es gibt oft **Streit**.* — Il y a souvent des **disputes**.

über** die Erziehung der Kinder **streiten — **se disputer au sujet de** l'éducation des enfants

*einen **Konflikt** haben mit ...* — avoir un **conflit** avec ...

*alle **Erziehungsfragen** gemeinsam besprechen (etw. besprechen)* — discuter ensemble toutes les **questions d'éducation** *(discuter qc)*

Heirat

*Er/ Sie ist **verheiratet**.* — Il/ Elle est **marié(e)**.

*Er/ Sie **hat** im April **geheiratet**. (heiraten)* — Il/ Elle **s'est marié(e)** en avril. *(se marier)*

*einen Ingenieur **heiraten** (jdn heiraten)* — **épouser** un ingénieur *(épouser qn)*

Scheidung

*Er/ Sie **hat sich scheiden lassen**. (sich scheiden lassen)* — Il/ Elle **a divorcé**. *(divorcer)*

*Er/ Sie **ist geschieden**.* — Il/ Elle **est divorcé(e)**.

*Er/ Sie hat eine neue **Beziehung**.* — Il/ Elle a une nouvelle **relation**.

*Sie/ Er hat einen neuen **Partner**/ eine neue **Partnerin**.* — Elle/ Il a un nouveau **compagnon**/ une nouvelle **compagne**.

*sehr unter der **Scheidung** leiden* — souffrir beaucoup du **divorce** *(m.)*

*Er/ Sie **lebt allein**.* — Il/ Elle **vit seul(e)**.

*Sie **haben sich getrennt**.* — Ils **se sont séparés**.

*die **Trennung** seiner/ ihrer Eltern* — la **séparation** de ses parents

*Er **hat sich von** seiner Frau **getrennt**. (sich trennen von)* — Il **s'est séparé de** sa femme *(se séparer de)*

1.2 Partnerschaft

Zusammenleben

*Sie **lebt mit** ihrem Freund **zusammen**.*	Elle **vit avec** son ami. *(vivre)*
*Sie **sind** seit 2 Jahren **zusammen**.*	Ils **sont ensemble** depuis deux ans.
*Er/ Sie **ist Single**.*	Il/ Elle **vit seul(e)**.

Patchworkfamilie

*in einer **Patchworkfamilie** leben*	vivre dans une **famille recomposée**
*eine Tochter haben **aus einer früheren Beziehung***	avoir une fille **d'une relation antérieure**
*den neuen Partner **akzeptieren***	**accepter** le nouveau compagnon
***ein gemeinsames Kind** haben*	avoir **un enfant commun**
*Ihr Ex-Mann **hat ein gutes Verhältnis zu** ihrem neuen Mann.*	Son ex-mari **a de bons rapports avec** son nouveau mari.
*Ihre Kinder mögen ihren **Stiefvater** sehr.*	Ses enfants aiment beaucoup leur **beau-père**.

Stiefvater, Stiefmutter

mein Stiefvater	mon beau-père
meine Stiefmutter	ma belle-mère
mein Stiefsohn	mon beau-fils
meine Stieftochter	ma belle-fille
mein Stiefbruder	mon demi-frère
meine Stiefschwester	ma demi-sœur

Homosexualität

Er ist **homosexuell**.	Il est **homosexuel**.
über die **Homosexualität** sprechen	parler de l'**homosexualité**
Sie ist **lesbisch**.	Elle est **lesbienne**.
die Homosexuellen **diskriminieren**	**discriminer** les homosexuels
die **Diskriminierung** der Homosexuellen	la **discrimination** des homosexuels

1.3 Alleinerziehende

Sie ist **Alleinerziehende**.	Elle est **parent isolé**.
große finanzielle Probleme haben *(finanziell)*	avoir **de gros problèmes financiers** *(financier/ financière)*
Unterhalt für sein Kind **zahlen**	**payer la pension alimentaire** pour son enfant
Sie **lebt von der Sozialhilfe**. *(leben von)*	Elle v**it de l'aide sociale**. *(vivre de)*

Mein Sohn will **Markenkleidung**.	Mon fils veut des **vêtements** *(m.)* **de marque**.
Ich habe **kein Geld** dafür.	Je n'ai **pas d'argent** pour cela.

1.4 Kinder

Baby und Kleinkind

Sie **bekommt ein Kind**.	Elle **va avoir un enfant**.
Sie erwartet ein **Baby**.	Elle attend un **bébé**. *(attendre)*
Es wird **ein Junge/ ein Mädchen**.	Ça va être un **garçon/** une **fille**.

*Er/ Sie **ist** im Mai **geboren**.*	Il/ Elle **est né(e)** en mai.
*Seine/ Ihre **Geburt** war kompliziert.*	Sa **naissance** a été compliquée.
beim ersten Kind	au premier enfant

---

*Sie kann keine Kinder **bekommen**.*	Elle ne peut pas **avoir** d'enfants.
*ein Kind aus Thailand **adoptieren***	**adopter** un enfant de Thaïlande
*die Voraussetzungen für eine **Adoption***	les conditions *(f.)* d'une **adoption**

---

*in meiner **Kindheit***	dans mon **enfance** *(f.)*
*viele **Spielsachen** haben*	avoir beaucoup de **jouets** *(m.)*.
*mit anderen Kindern **spielen***	**jouer** avec d'autres enfants
*die **sozialen Kontakte** (sozial)*	les **contacts sociaux**. *(social(e); m. pl.: sociaux)*

Kindererziehung

*Kinder **erziehen***	**élever** des enfants
*Das hängt von der **Kindererziehung** ab.*	Cela dépend de **l'éducation des enfants**.
*die richtige **Methode***	la bonne **méthode**
viel Zeit** mit seinem Kind **verbringen	**passer beaucoup de temps** avec son enfant

---

*sein **soziales Verhalten** beeinflussen*	influencer son **comportement social**
*bestimmte **Regeln** vorgeben*	présenter certaines **règles**
sich an** bestimmte Regeln **halten	**respecter** certaines règles

*Die Kinder **lernen** schnell.* *(lernen)*	Les enfants **apprennent** vite. *(apprendre)*
*die Erwachsenen **nachahmen***	**imiter** les grandes personnes
Erfahrungen sammeln	**faire des expériences**

***Verständnis haben für** seine Kinder*	**comprendre** ses enfants
***Vorbild** für seine Kinder sein*	être un **modèle** pour ses enfants
***konsequent** sein*	rester **ferme**
***streng zu** seinen Kindern sein*	être très **sévère avec** ses enfants
*die **Autorität** der Eltern **respektieren***	**respecter l'autorité** des parents
*seinen Eltern **gehorchen***	**obéir** à ses parents
*das Kind **schlagen***	**battre** l'enfant
*sein Kind **bestrafen***	**punir** son enfant
*eine **gerechte/ ungerechte Strafe***	une **punition juste/ injuste**
Verbote nützen nichts.	Ça ne sert à rien d'interdire.

1.5 Beruf und Familie

Doppelbelastung

Vollzeit arbeiten	**travailler à plein temps/ à temps complet**
Teilzeit arbeiten	**travailler à temps partiel**
*Ich **bin gezwungen** zu arbeiten.*	Je **suis obligée** de travailler.
*Das **Einkommen** meines Mannes reicht nicht aus.*	Le **salaire** de mon mari ne suffit pas.
*ein **stressiges Leben** haben*	avoir une **vie stressante**

gestresst sein	être **stressé(e)**
*Ich habe **nicht viel Zeit** für meine Kinder.*	Je n'ai **pas beaucoup de temps** pour m'occuper de mes enfants.
ein schlechtes Gewissen haben	avoir **mauvaise conscience**

Kinderbetreuung

*seine Tochter **in die Kita geben***	**mettre** sa fille **à la crèche**
*Es gibt es leider keinen **Kitaplatz**.*	Malheureusement, il n'y a pas de **place de crèche**.
auf** meine Tochter **aufpassen	**garder** ma fille
*für einige Stunden einen **Babysitter** nehmen*	prendre un **baby-sitter** pour quelques heures

---

*die **Öffnungszeiten** der Kitas*	les **heures d'ouverture** des crèches
Probleme machen	**poser des problèmes**
mehr Kitaplätze schaffen	**créer plus de places de crèche**
*die **Arbeitszeiten flexibilisieren***	**flexibiliser les heures de travail**
*mehr **Teilzeitstellen** schaffen*	créer plus d'**emplois à temps partiel**

Babypause

*nach der **Geburt** meines ersten Kindes*	après la **naissance** de mon premier enfant
in die Babypause gehen	**prendre un congé maternité**
mit dem Arbeiten aufhören	**arrêter de travailler**
wieder ins Berufsleben einsteigen	**recommencer à travailler**

Erziehungsurlaub

Erziehungsurlaub nehmen
prendre un **congé parental**

Ich bin für ein Jahr zu Hause geblieben.
Je suis resté(e) chez moi pendant un an.

für seine Kinder da sein
être là pour ses enfants

*viele **neue Erfahrungen** machen*
faire beaucoup d'**expériences nouvelles**

*sehen, wie die Kinder **groß werden***
voir les enfants **grandir**

2 Jugendliche

Einstellungen

*Wenn man **jung** ist, ...*	Quand on est **jeune**, ...
*in meiner **Jugend***	dans ma **jeunesse**
*die **Jugendlichen** von heute*	les **jeunes** d'aujourd'hui
*das soziale **Engagement***	l'**engagement** social
sich für** die Umwelt **engagieren	**s'engager pour** l'environnement
sich für** Politik **interessieren	**s'intéresser à** la politique
optimistisch** in die Zukunft **blicken	**voir** l'avenir **avec optimisme**
Angst** vor Arbeitslosigkeit **haben	**avoir peur** du chômage *(m.)*
***realistisch** sein*	être **réaliste**

---

*der **Generationenkonflikt***	le **conflit des générations**
*eine andere **Lebensauffassung** haben als ...*	avoir une autre **conception de la vie** que ...
*den Eltern **widersprechen***	**contredire** les parents
*die Erwachsenen **kritisieren***	**critiquer** les adultes
*machen, was **verboten** ist*	faire ce qui est **interdit**

Rauchen und Alkohol

*mit 13 Jahren **mit dem Rauchen anfangen***	**commencer à fumer** à treize ans
*die **Tabakwerbung verbieten***	**interdire la publicité de tabac**
*ein **Verbot** der Zigaretten-**werbung** fordern*	exiger une **interdiction** de la **publicité de cigarettes**
*sich **beeinflussen** lassen von ...*	se laisser **influencer** par ...
*mit dem Rauchen **aufhören***	**arrêter de fumer**

*das **Rauchverbot** in den Restaurants*	l'**interdiction** *(f.)* **de fumer** dans les restaurants

---

immer mehr Alkohol trinken	boire **de plus en plus d'alcool** [alkɔl]
*der **Alkoholkonsum** bei den Jugendlichen*	la **consommation d'alcool** chez les jeunes
*die **alkoholischen** Mixgetränke*	les **boissons** *(f.)* **mixtes d'alcool**
*die **Alcopops***	les **alcool**-pops
*Limonade **mit Alkohol***	la limonade **alcoolisée**
*ein **alkoholisches** Getränk*	une **boisson** *alcoolisée*
*ein **alkoholfreies** Getränk*	une boisson **non alcoolisée**

Drogen

*regelmäßig **Drogen** nehmen*	**se droguer** régulièrement *(adv.)*
*sich **illegale Drogen** besorgen*	se procurer des **drogues illégales**
*harte Drogen **konsumieren***	**consommer** des drogues dures
*Drogen **legal kaufen***	**acheter** des drogues **légalement** *(adv.)*
*mit Drogen **dealen***	**trafiquer avec** des drogues
*einen **Drogendealer** verhaften*	arrêter un **dealer de drogues**
*Heroin **ausprobieren***	**essayer** l'héroïne
*den **Konsum** von Marihuana **legalisieren***	**légaliser** la **consommation** de marijuana
*Cannabis kann **abhängig machen**.*	Le cannabis peut **rendre dépendant**.

---

*die **Folgen** des **Drogenkonsums** unterschätzen*	sous-estimer les **conséquences** de la **consommation de drogues**

den *Körper* und das *Gehirn* **zerstören**	**détruire** le **corps** et le **cerveau**
den *Drogenabhängigen* **helfen**	**aider** les **toxicomanes**
von den Drogen **loskommen**	**se libérer des drogues**
den *Problemen* des Alltagslebens **entfliehen**	**s'évader des problèmes** de la vie de tous les jours

Liebe und Sex

seine Freundin **lieben**	**aimer** sa petite amie
aus Liebe zu *ihr/ zu ihm*	**par amour pour** elle/ pour lui
Sie ist total verliebt in *…*	**Elle est totalement amoureuse de …**
*Er **hat sich in** mich **verliebt**.*	Il **est tombé amoureux de** moi.
seine *Traumfrau*	la **femme de son rêve**
ihr *Traummann*	l'**homme de son rêve**

---

mit *ihrem Freund/ seiner Freundin* **schlafen**	**coucher avec** son ami/ son amie
Sex haben *mit …*	**avoir du sexe** avec …
eine *sexuelle Beziehung* haben mit …	avoir une **relation sexuelle** avec …
ein *Kondom* benutzen	utiliser un **préservatif**
sich vor *Aids* schützen	se protéger du **sida** *(m.)*
die *Pille* nehmen	prendre la **pilule**
um nicht *schwanger* zu *werden*	pour ne pas **devenir enceinte**
offen über *Sexualität* sprechen	parler ouvertement de la **sexualité**

3 Ernährung

3.1 Essen und Trinken

Essen und Trinken

regelmäßig **essen**	**manger** régulièrement *(adv.)*
Ich habe zu viel gegessen.	J'ai trop mangé.
Sie haben nicht genug zu essen.	Ils n'ont pas assez à manger.
Ich habe immer **Hunger**.	**J'ai** toujours **faim**.
Ich habe keinen Hunger.	Je n'ai pas faim.
Ich habe **keinen Appetit**.	Je n'ai **pas d'appétit**.

---

zu wenig **trinken**	**boire** trop peu
Ich trinke keinen Alkohol.	Je ne bois pas d'alcool.
Ich muss mehr trinken.	Je dois boire plus [plys].
lieber Wasser **als** Orangensaft trinken	**boire plutôt** de l'eau **que** du jus *(m.)* d'orange
Ich habe großen Durst.	**J'ai très soif.**
Ich habe **keinen Durst**.	Je n'ai **pas soif**.

Frühstück

sich Zeit nehmen zum Frühstück	prendre du temps pour le **petit déjeuner**
Ich habe keine Zeit zum Frühstücken.	Je n'ai pas le temps **pour prendre le petit déjeuner.**
Ich frühstücke nicht.	**Je ne prends pas de petit déjeuner.**

Morgens trinke ich **zwei Tassen Kaffee**.	Le matin, je bois **deux tasses de café**.
Zucker in den Kaffee nehmen	mettre du **sucre** *(m.)* dans le café.

Süßstoff statt Zucker | mettre **de la sucrette**
verwenden | **à la place du sucre**

---

*Ich esse immer **ein Ei** zum Frühstück.* | Je mange toujours **un œuf** [œf] **au petit déjeuner**.

*Ich nehme kein **Salz** auf mein Ei.* | Je ne mets pas de **sel** *(m.)* sur mon œuf.

*ein **Brötchen** mit **Käse** essen* | manger un **petit pain** avec du **fromage**.

Frühstück

Ich esse: | Je mange:

ein Brötchen mit Marmelade. | un petit pain avec de la confiture.

eine Scheibe Brot mit Schinken/ mit Wurst. | une tartine avec du jambon/ avec de la charcuterie.

eine Scheibe Toast mit Käse. | une tartine de pain grillé avec du fromage.

zwei Stück Vollkornbrot mit zwei Scheiben Light-Käse. | deux morceaux de pain complet avec deux tranches de fromage light.

ein Croissant mit Honig. | un croissant avec du miel.

zwei Zwieback mit Butter. | deux biscottes avec du beurre.

Müsli, einen Joghurt und Obst. | du musli [mysli], un yaourt [jauʀ] et des fruits.

Ich trinke: | Je bois:

eine Tasse Kaffee. | une tasse de café.

einen Kaffee mit Milch/ mit Zitrone. | un café au lait/ au citron.

eine Tasse Tee. | une tasse de thé.

eine Tasse Cappucino. | une tasse de cappucino.

eine Tasse Kakao. | une tasse de chocolat chaud.

ein Glas Milch. | un verre de lait.

ein Glas Mineralwasser | un verre d'eau minérale.

ein Glas Orangensaft. | un verre de jus d'orange.

Mittag- und Abendessen

*Das **Mittagessen** ist sehr gut/ ist von guter Qualität.*

Le **déjeuner** est très bon/ est de bonne qualité.

Ich esse in der Kantine **zu Mittag**.
(zu Mittag essen)

Je prends le déjeuner à la cantine.
(prendre le déjeuner)

Ich esse im Büro.
(zu Mittag essen)

Je déjeune au bureau.
(déjeuner)

Ich esse nicht zu Mittag, ich habe keine Zeit.

Je ne mange pas à midi, je n'ai pas le temps.

---

*Ich bin kein Fan von **Tomatensuppe**.*

Je ne suis pas fan [fan] de la **soupe de tomates**.

*Das **Fleisch** ist sehr **zart**/ ist **zu sehr gebraten**.*

La **viande** est très **tendre**/ est **trop cuite**.

*Die **Soße** ist toll.*

La **sauce** est super.

*Ich habe noch nie so einen guten **Salat** gegessen.*

Je n'ai jamais mangé une **salade** aussi bonne.

---

*Der **Fisch** ist ausgezeichnet und gut zubereitet.*

Le **poisson** est excellent et bien préparé.

Ich esse lieber Kartoffeln als Nudeln.

Je préfère les pommes de terre aux pâtes *(f.)*.

*Ich nehme keinen **Nachtisch**, ich bin satt.*

Je ne prends pas de **dessert**, **je n'ai plus faim**.

das Abendessen zubereiten

préparer le dîner

*Ich würde Sie gerne **zum Abendessen einladen**.*

J'aimerais vous **inviter à dîner**.

zum Abendessen ins Restaurant gehen

aller au restaurant pour dîner

*Zum Abendessen gibt es drei **Menüs zur Auswahl**.*

Pour le dîner, il y a trois **menus au choix**.

Speisen

Fleisch	la viande
Steak	le steak
Kotelett	la côtelette
Schnitzel	une escalope
Pastete	le pâté
Würstchen	la saucisse
Hähnchen	le poulet
Fisch	le poisson

Gemüse	les légumes
Kartoffeln	les pommes de terre
Pommes frites	les pommes frites
Tomaten	les tomates
Möhren	les carottes
Erbsen	les petits pois
Pilze	les champignons
grüne Bohnen	les haricots verts

Nudeln	les pâtes
Reis	le riz [ʀi]
Tomatensalat	la salade de tomates

Käse	le fromage
Quark	le fromage blanc
Camembert	le camembert
Joghurt	le yaourt

Nachtisch

Nachtisch	le dessert
Apfelmus	la compote de pommes
Zitronencreme	la crème au citron
Vanillepudding	le flan à la vanille
Schokoladeneis	une glace au chocolat
Erdbeereis	une glace aux fraises
Kuchen	un gâteau
Obstkuchen	une tarte

Obst

Obst	les fruits
Apfel	une pomme
Birne	une poire
Banane	une banane
Orange	une orange
Pfirsich	une pêche
Aprikose	un abricot
Trauben	du raisin
Pflaumen	les prunes
Kirschen	les cerises
Erdbeeren	les fraises
Himbeeren	les framboises
Ananas	un ananas
Melone	un melon

Getränke

Wasser trinken	boire de l'**eau**
*Ich trinke **zwei Liter Wasser** am Tag.*	Je bois **deux litres d'eau** par jour.
*eine **Flasche Orangenlimonade***	une **bouteille d'orangeade**
*Ich mag keinen **Alkohol**.*	Je n'aime pas l'**alcool** [alkɔl].
*ein **alkoholisches** Getränk*	une **boisson alcoolisée**
*Limonade **mit Alkohol***	la limonade **alcoolisée**
*ein **alkoholfreies** Getränk*	une boisson **non alcoolisée**
*Die **Alcopops** sind richtige Kalorienbomben.*	Les **alcool-pops** sont de vraies bombes caloriques.

Getränke

Wasser	l'eau
Mineralwasser	l'eau minérale
Coca-Cola	le coca-cola
Limonade	la limonade
Orangensaft	le jus d'orange
Obstsaft	le jus de fruits
Orangenlimonade	une orangeade

Alkohol	l'alcool
Bier	la bière
Wein	le vin
Rotwein	le vin rouge
Weißwein	le vin blanc
Roséwein	le vin rosé
Cidre	le cidre
Sekt	le vin mousseux
Champagner	le champagne
Schnaps	l'eau-de-vie

3.2 Gesunde Ernährung

Gesunde Ernährung

Ich ernähre mich gesund. *(sich ernähren)*	**Je me nourris bien.** *(se nourrir)*
*eine ausgewogene **Ernährung***	une **alimentation** équilibrée
besser essen	manger mieux *(adv.)*
*die normalen **Nahrungsmittel*** *(normal)*	les **aliments** normaux *(normal(e); m. pl.: normaux)*
*die **Light-Produkte***	les **produits allégés** / les **produits light**

Gesund essen

gesund essen	**manger sain**
viel **Gemüse** und **Obst** essen	manger beaucoup de **légumes** et de **fruits**
viele **Vitamine** enthalten	**contenir** beaucoup de **vitamines** *(f.)*.
Das ist gesund.	**C'est bon pour la santé.**
weniger **Fleisch** essen	manger **moins de viande**
fettarm essen	manger **moins gras**
weniger **Süßigkeiten** essen	manger moins de **sucreries** *(f.)*
*Sie haben zu viele **Kalorien**.*	Elles ont trop de **calories** *(f.)*.
weniger Alkohol trinken	boire **moins d'alccol**

―――――――

Bioprodukte *kaufen*	acheter des **produits bio**
*Ich kaufe im **Bioladen** ein.*	Je fais mes courses dans un **magasin bio**.
seine Eier bei einem **Biobauern** kaufen	acheter ses œufs [ø] chez un **paysan bio**

―――――――

Fertigprodukte *kaufen*	acheter des **produits finis**
*Das **Gefriergemüse** ist von guter Qualität.*	Les **légumes surgelés** sont de bonne qualité.
*Das Gemüse **aus der Dose** hat weniger Vitamine.*	Les légumes **en conserve** ont moins de vitamines.

Ungesund essen

ungesund essen	**manger malsain**
zu fett essen	**manger trop gras**
zu viel Fleisch essen	manger **trop de viande**
Das ist ungesund.	**Ce n'est pas bon pour la santé.**

―――――――

*Rauchen **schadet der Gesundheit**.*	Fumer **nuit à la santé**. *(nuire)*
*Alkohol **macht krank**.* *(krank machen)*	L'alcool **rend malade**. *(rendre malade)*
Fast-Food essen	**manger du fast-food** *(m.)*
Das macht dick.	**Ça fait grossir.**
*Die Kinder **werden immer dicker**. (dick)*	Les enfants **sont de plus en plus gros**. *(gros/ grosse)*

Übergewicht

*Viele Kinder **haben Übergewicht**.*	Beaucoup d'enfants **pèsent trop lourd**.
***Ich wiege über** 85 Kilo.* *(wiegen)*	**Je pèse plus de** 85 kilos. *(peser)*
Ich habe zugenommen. *(zunehmen (an Gewicht))*	**J'ai pris du poids** *(m.)*. *(prendre du poids)*
Ich habe zwei Kilo zugenommen.	J'ai pris deux kilos. *(prendre)*
Ich habe abgenommen. *(abnehmen (an Gewicht))*	**J'ai perdu du poids**. *(perdre du poids)*
Ich habe drei Kilo abgenommen.	J'ai perdu trois kilos.
*Ich habe eine **Diät** gemacht.*	J'ai fait un **régime**.
Die Diät hat nichts gebracht.	Le régime n'a rien donné.

4 Medizin

4.1 Gesundheit

Gesund sein

*etwas für seine **Gesundheit** tun*	faire quelque chose pour **sa santé**
***gesund** sein*	être **en bonne santé**
gesund bleiben	rester en bonne santé

Bewegung und Fitness

*sich mehr **bewegen***	**bouger** plus [plys]
Sport treiben	faire du sport
*für meine **Fitness***	pour mon **fitness**
***Fitnessübungen** machen*	faire des **exercices de fitness**
***fit** bleiben*	rester **en forme**
geistig fit bleiben	rester en forme mentalement

Stress und Entspannung

***Stress** haben*	avoir du **stress**
Ich habe keinen Stress.	Je n'ai pas de stress.
*Stress **abbauen***	**réduire** le stress
*Stress **vermeiden***	**éviter** le stress
*Ich bin immer **gehetzt**.*	Je suis toujours **pressé(e)**.
*völlig **erschöpft** sein*	être complètement *(adv.)* **épuisé(e)**

---

langsamer machen	faire moins vite
Pausen machen	faire des pauses *(f.)*
***Entspannungsübungen** machen*	faire des **exercices de relaxation**

Yoga machen — faire du **yoga** *(m.)*
ein Bad nehmen, — prendre un bain
  *um **sich** zu **entspannen*** —   pour **se relaxer**
sich** von der Arbeit **ausruhen — **se reposer** du travail

4.2 Krankheit

Unwohlsein

Mir ist nicht gut.	**Je ne me sens pas bien.**
Mir geht es nicht gut.	Je ne vais pas bien.
Er/ Sie fühlt sich nicht wohl. *(sich fühlen)*	Il/ Elle ne se sent pas bien. *(se sentir)*
*Mir ist kalt./ **Ich friere**.*	**J'ai froid**.
*Ich habe die **Grippe**.*	J'ai la **grippe**.

Schmerzen

Ich habe Kopfschmerzen.	J'ai mal à la tête.
*Ich habe **Migräne**.*	J'ai la **migraine**.
*Ich habe **Halsweh**/ **Ohrenschmerzen**.*	J'ai **mal à la gorge**/ **mal aux oreilles**.
*Der Rücken **tut mir weh**.*	Le dos **me fait mal**.
*Ich habe **Rückenprobleme**.*	J'ai des **problèmes de dos**.
Das rechte/linke Bein tut mir weh.	Ma jambe droite/gauche me fait mal.
*Ich habe **Schmerzen** im Arm.*	J'ai des **douleurs** *(f.)* dans le bras.
*die Schmerzen **aushalten***	**supporter** les douleurs

Medikamente

*ein gutes **Medikament** gegen Kopfschmerzen*	un bon **médicament** contre les maux de tête
***Tabletten** gegen Halsweh nehmen*	prendre des **cachets** *(m.)* contre les maux de gorge
*Es gibt sie in jeder **Apotheke**.*	Il y en a dans toutes les **pharmacies**.
*Diese **Tabletten** wirken gar nicht.*	Ces **comprimés** ne font rien.

---

*Dieses **Mittel** gibt es nur auf Rezept.*	Ce **médicament** est seulement sur ordonnance *(f.)*.
*Es hat starke **Nebenwirkungen**.*	Il a de forts **effets secondaires**.
*die **Pille** nehmen*	prendre la **pilule**

Erkältung, Fieber, Allergie

Ich habe mich erkältet.	**J'ai pris froid**. *(prendre froid)*
*Ich bin stark **erkältet**.*	Je suis fortement *(adv.)* **enrhumé(e).**
*den ganzen Tag **husten***	**tousser** toute la journée
*Ich habe einen sehr starken **Husten**.*	J'ai une **toux** très forte.

---

*Er/Sie **hat Fieber**.*	Il/Elle **a de la fièvre**.
*Ich habe meine **Temperatur** gemessen. Sie ist 38,5°C.*	J'ai pris ma **température**. Elle est de 38 virgule 5 degrés.
*ein elektronisches **Fieberthermometer***	un **thermomètre médical** électronique

---

*Ich habe einen furchtbaren **Schnupfen**.*	J'ai un **rhume** terrible.
*Ich habe **Heuschnupfen**.*	J'ai le **rhume des foins**.

*Ich bin **allergisch gegen** Staub/ gegen Katzenhaare*	Je suis **allergique** à la poussière/ aux poils de chat.
*Ich habe eine **Allergie gegen** bestimmte Nahrungsmittel.*	J'ai une **allergie** à certains aliments.

Krankheit

*Er/ Sie ist **schwer krank**.*	Il/ Elle est **gravement** *(adv.)* **malade**.
*Er/ Sie **ist krank geworden**.*	Il/ Elle **est tombé(e) malade**.
*Er/ Sie hat **eine schlimme Krankheit**.*	Il/ Elle a **une maladie grave**.
*eine **chronische** Krankheit*	une maladie **chronique**

―――――――――――

*Er/ Sie hat **Rheuma**.*	Il/ Elle a du **rhumatisme** *(m.)*.
*Er/ Sie hat **Krebs**.*	Il/ Elle a un **cancer** [kɑ̃sɛʀ].
*Er/ Sie hat **Aids**.*	Il/ Elle a le **SIDA**.
*Er/ Sie hat **Parkinson**.*	Il/ Elle a la **maladie de Parkinson** [paʀkinsɔn].
*Er/ Sie hat **Alzheimer**.*	Il/ Elle a la **maladie d'Alzheimer** [alzajmɛʀ].

―――――――――――

*Er/ Sie hat einen **Schlaganfall** bekommen.*	Il/ Elle a eu une **attaque d'apoplexie**.
*Er/ Sie hat einen **Herzinfarkt** bekommen.*	Il/ Elle a eu une **crise cardiaque**.
Jetzt geht es ihm/ ihr wieder besser.	Maintenant, il/ elle va mieux.
*Sein/ Ihr **Gesundheitszustand** hat sich sehr **verbessert**. (sich verbessern)*	Son **état de santé s'est** beaucoup **amélioré**. *(s'améliorer)*

Sein/ Ihr Gesundheitszustand **hat sich verschlechtert**. *(sich verschlechtern)*

Son état de santé **s'est dégradé**. *(se dégrader)*

Sein/ Ihr Gesundheitszustand **hat sich verschlimmert**. *(sich verschlimmern)*

Son état de santé **s'est aggravé**. *(s'aggraver)*

Heilung

*diese Krankheit **heilen*** — **guérir** cette maladie

*Es gibt keine **Heilung**.* — Il n'y a pas de **guérison** *(f.)*.

Er/ Sie wird nicht wieder gesund. — Il/ Elle ne guérira plus.

Er/ Sie ist völlig geheilt. — Il/ Elle est complètement *(adv.)* guéri(e).

Psychische Erkrankung

***psychisch krank** sein* — être **psychiquement** *(adv.)* **malade**

***psychische Probleme** haben* — avoir des **problèmes psychiques**

*Dies hat **psychische Ursachen**.* — Cela a des **causes** *(f.)* **psychiques**.

*Er/ Sie **ist in psychologischer Behandlung**.* — Il/ Elle **suit un traitement psychologique**. *(suivre)*

*Er/ Sie **macht eine** Psychotherapie.* — Il/ Elle **suit une psychothérapie**.

***depressiv** sein* — être **dépressif/ dépressive**

*aus seiner/ ihrer **Depression** herauskommen* — sortir de sa **dépression**

*Er/ Sie **hat sich umgebracht**.* *(sich umbringen)* — Il/ Elle **s'est suicidé(e)**. *(se suicider)*

*die Gründe für seinen/ ihren **Selbstmord*** — les raisons de son **suicide** *einen **Selbstmordversuch** unternehmen* — faire une **tentative de suicide**

Unfall, Verletzung

*Ich habe einen **Unfall** gehabt.* — J'ai eu un **accident**.

*Ich bin auf der Treppe **gefallen**.* — Je suis **tombé(e)** dans l'escalier.

Er/ Sie ist vom Rad gefallen. — Il/ Elle est tombé(e) de vélo.

***Ich bin** auf der Treppe **gestürzt**.* — **J'ai fait une chute** dans l'escalier.

***Ich habe mich** am Kopf/ am Arm/ am Bein **verletzt**.* — **Je me suis blessé(e)** à la tête/ au bras/ à la jambe.
(sich verletzen) — *(se blesser)*

*Er/ Sie **ist schwer verletzt**.* — Il/ Elle **est grièvement blessé(e)**.

*Die **Verletzung** heilt nicht.* — La **blessure** ne guérit pas.

***Ich habe mir** den Arm **gebrochen**.* — **Je me suis cassé** le bras.
(sich das Bein brechen) — *(se casser la jambe)*

***Ich habe mir** die Hand **verbrannt**.* — **Je me suis brûlé** la main.
(sich das Gesicht verbrennen) — *(se brûler le visage)*

Behinderung

*ein **behindertes** Kind haben* — avoir un enfant **handicapé**

***körperlich behindert** sein* — être **physiquement** *(adv.)* **handicapé(e)**

***geistig behindert** sein* — être **mentalement** *(adv.)* **handicapé(e)**

*trotz seiner/ ihrer körperlichen/ geistigen **Behinderung*** — malgré son **handicap** physique/ mental

sich normal entwickeln — **se développer normalement** *(adv.)*

*in einer **Behindertenwerkstatt** arbeiten*	travailler dans un **atelier pour handicapés**
*die **Behinderten** besser fördern*	mieux *(adv.)* aider les **handicapés**

Ärztliche Behandlung

zum Arzt gehen	**aller chez le médecin**
zu einem anderen Arzt gehen	consulter un autre médecin
*zu einem **Facharzt** gehen*	consulter un **spécialiste**
*den **Doktor** rufen*	appeler le **docteur**

---

*Die **Sprechstunden** sind von 9 Uhr bis 12 Uhr.*	Les **heures de consultations** sont de 9 heures à midi.
*Er hat **Sprechstunde** von 9 Uhr bis 12 Uhr.*	Il **donne des consultations** de 9 heures à 12 heures.
*in der **Praxis** anrufen*	appeler le **cabinet**
sich einen Termin geben lassen	**prendre rendez-vous**
Die Praxis ist samstags geschlossen.	Le cabinet est fermé le samedi.
*Das **Wartezimmer** ist immer voll/ leer.*	La **salle d'attente** est toujours pleine/ vide.

---

*die **Patienten** behandeln*	**traiter** les **patients**
*eine lange **Behandlung***	un long **traitement**
*Er hat alles genau **untersucht**.*	Il a tout **examiné** de près.
Es ist alles in Ordnung.	**Tout est ok.**
*eine genaue **Diagnose** stellen*	donner un **diagnostic** précis
*Er hat mir ein **Antibiotikum** verschrieben.*	Il m'a prescrit un **antibiotique**.
*Er hat mir **Kortison** gespritzt.*	Il m'a fait une piqûre de **cortisone**.

*Ich bin gegen die Grippe **geimpft**.*	Je suis **vacciné(e)** contre la grippe.
*Ich lasse mich mit **Akupunktur** behandeln.*	Je me fais traiter par l'**acupuncture**.

---

*Ich war bei einem **Homöopathen**.*	Je suis allé(e) chez un h**oméopathe**.
*das **homöopathische Mittel***	le **médicament homéopathique**
Es hat mir sehr geholfen.	Il m'a beaucoup aidé(e).
***Naturheilmittel** nehmen*	prendre des **médicaments naturels**

Zahnarzt

*Ich habe starke **Zahnschmerzen**.*	J'ai très **mal aux dents** *(f.)*.
*Dieser **Zahn** tut mir sehr weh.*	Cette **dent** me fait très mal.
*Ich war beim **Zahnarzt**.*	Je suis allé(e) chez le **dentiste**.
*Er hat mir den Zahn **plombiert**.*	Il m'a **plombé** la dent.
*Er hat mir einen Zahn **gezogen**.*	Il m'a **arraché** une dent.
Mein Sohn hat Angst vor dem Zahnarzt.	Mon fils a peur du dentiste.

Krankenhaus

*mit dem **Krankenwagen** ins **Krankenhaus** fahren*	aller en **ambulance** *(f.)* à l'**hôpital**
*die Verletzten in eine **Klinik** bringen*	transporter les blessés en **clinique**
*in eine **Spezialklinik** gehen*	aller dans une **clinique spécialisée**

---

*Er/ Sie muss **sich operieren lassen**.*	Il/ Elle doit **se faire opérer**.

*Man muss das **operieren**.*	Il faut **opérer** ça.
*Das ist ohne **Vollnarkose**.*	C'est sans **anesthésie** générale.
*Die **Operation** ist gut verlaufen.*	L'**opération** s'est bien passée.

---

*ein neues Herz/ eine neue Niere **implantieren*** — **implanter** un nouveau cœur/ un nouveau rein

*Diese **Implantation** ist nicht ohne Risiko.* — Cette **implantation** n'est pas sans **risque** *(m.)*.

Es gibt große Risiken. — Il y a de gros risques.

---

*Die **Pflegekräfte** sind überlastet.* — Les **soignants** sont surchargés.

*Die **Krankenschwestern** werden schlecht bezahlt.* — Les **infirmières** sont mal payées.

*viele **Überstunden** machen* — faire beaucoup **d'heures supplémentaires**

*die **Patienten** gut **versorgen*** — bien **soigner** les **patients**

---

*Ich habe mir eine **Infektion** geholt.* — J'ai attrapé une **infection**.

*Man kann **sich** leicht **infizieren**.* — Il y a un gros risque de **s'infecter**.

Sterben, Sterbehilfe

*Ich habe keine Angst vor dem **Sterben**.* — Je n'ai pas peur de **mourir**.

*Er/ Sie **ist** an einem Herzinfarkt **gestorben**.* — Il/ Elle **est mort(e)** d'une crise cardiaque.

***unerträgliche Schmerzen** haben* — avoir des **douleurs** *(f.)* **insupportables**

*die Schmerzen **lindern*** — **calmer** les douleurs

*Er/ Sie bekommt **schmerzstillende Medikamente**.* — On lui donne des **médicaments calmants**.

die **Palliativmedizin** anwenden	pratiquer les **soins palliatifs**
Er/ Sie **liegt im Koma**.	Il/ Elle **est dans le coma**.

---

menschenwürdig sterben	**mourir dans la dignité**
unheilbar krank sein	être **incurable**
das **Leiden** beenden	terminer les **souffrances** *(f.)*
das Leben verlängern	**prolonger la vie**
die **Geräte abschalten**	**débrancher** les **appareils**
die **medizinische Behandlung** einstellen	arrêter le **traitement médical**
eine medizinische Behandlung ablehnen	refuser un traitement médical
die Grenzen der medizinischen Behandlung	les limites *(f.)* du traitement médical
eine Entscheidung treffen	prendre une décision
eine Patientenverfügung machen	prendre une décision concernant les limites du traitement médical
Die passive Sterbehilfe ist nicht gesetzlich geregelt.	**L'euthanasie passive** n'est pas réglée par la loi.
Die aktive Sterbehilfe ist verboten.	**L'euthanasie active** est interdite.

5 Schule, Studium

5.1 Schule

Bildungssystem

*mehr für die **Bildung** tun*	faire plus [plys] pour la **formation**
*das **Bildungssystem** reformieren*	réformer le **système éducatif**
*das **Bildungsniveau** verbessern*	améliorer le **niveau d'instruction**
*eine gute **Allgemeinbildung** haben*	avoir une bonne **culture générale**

---

*länger **gemeinsam lernen***	**apprendre en commun** plus longtemps
*die gleichen **Bildungschancen** haben*	avoir les mêmes **chances de formation**
*die **Chancengleichheit** in der Schule garantieren*	garantir l'**égalité des chances** à l'école

---

*gegen die **Diskriminierung** kämpfen*	lutter contre la **discrimination**
*die Kinder aus **sozial schwachen Familien***	les enfants de **familles défavorisées**
*Die **Migrantenkinder** sind benachteiligt.*	Les **enfants de migrants** sont désavantagés.
die Migrantenkinder fördern	aider les enfants de migrants
einen Migrationshintergrund haben	**être d'origine migratoire**
in das Bildungssystem integrieren	intégrer dans le système éducatif

Kindergarten

in den **Kindergarten** gehen	aller au **jardin d'enfants** *(m.)*
Die Kinder wollen alles wissen.	Les enfants veulent tout savoir.
*Sie sind **neugierig**.*	Ils sont **curieux**. *(curieux/ curieuse)*
die **Neugierde** der Kinder wecken	éveiller la **curiosité** des enfants
den Kindern **Anregungen geben**	**donner des idées** aux enfants
Sie lernen leicht eine Fremdsprache.	**Ils apprennent facilement** *(adv.)* une langue étrangère.
Englisch **spielerisch** lernen	**apprendre** l'anglais **par le jeu**
in der **Gruppe** spielen	jouer **en groupe** *(m.)*

---

*Es fehlt an **Personal**.*	Il manque du **personnel** *(m.)*.
die **Arbeitsbedingungen** der Erzieherinnen	les **conditions de travail** des **éducatrices**
*Es gibt zu wenig **Erzieher**.*	Il y a trop peu d'**éducateurs**.
eine Gruppe von 20 Kindern **betreuen**	**prendre soin** d'un groupe de 20 enfants
*Es gibt immer mehr Kinder, die **schlecht erzogen** sind.*	Il y a de plus en plus d'enfants qui sont **mal élevés**.
sich um die **Erziehung** kümmern	s'occuper de l'**éducation** *(f.)*
*Sie können **sich** nicht **konzentrieren**.*	Ils ne peuvent pas **se concentrer**.
*Sie haben **Konzentrationsprobleme**.*	Ils ont des **problèmes de concentration**.

Schulsystem

das **Schulsystem** ändern	changer le **système scolaire**
in eine **Ganztagsschule** gehen	aller à une **école de toute la journée**

*auf eine **öffentliche Schule**/ auf eine **Privatschule** gehen*	aller à une **école publique**/ à une **école privée**
*in die **Grundschule**/ in eine **Gemeinschaftsschule** gehen*	aller à l'**école primaire**/ à une **école intégrée**
*aufs **Gymnasium** gehen*	aller au **lycée** *(m.)*
*in die **Berufsschule** gehen*	aller au **centre de formation professionnelle**

Schulunterricht

qualifizierte Lehrer	des **professeurs qualifiés**
*die **Schüler** motivieren*	**motiver** les **élèves**
*einen guten **Unterricht** machen*	donner un bon **enseignement**
***Englischunterricht** geben*	donner **des cours d'anglais**
*Mathematik **unterrichten***	**enseigner** les mathématiques
*Wenn **der Unterricht ausfällt**, ...*	Quand **il n'y a pas cours**, ...
Es gibt zu wenig Unterricht in Physik.	Il y a trop peu de cours en physique.

Unterrichtsprobleme

*Die **Klassen** sind zu groß.*	Les **classes** sont trop grandes.
die Schüler mit Migrationshintergrund	les élèves d'origine *(f.)* migratoire
*viele **schwache Schüler***	beaucoup d'**élèves faibles**
Sie sprechen kein Deutsch.	**Ils ne parlent pas allemand**.
Sie können nicht richtig schreiben. (können = geistig beherrschen)	Ils ne savent pas écrire correctement *(adv.)*. *(savoir)*
*seine **Grammatikkenntnisse** verbessern*	améliorer ses **connaissances de grammaire**
Sie können nicht rechnen.	Ils ne savent pas calculer.
*Das **Unterrichtsniveau** ist sehr niedrig.*	Le **niveau des cours** est très bas.

*Der **Englischlehrer** verlangt zu viel von seinen Schülern.*	Le **professeur d'anglais** exige trop de ses élèves.
Er/ Sie hat eine ungerechte Note bekommen.	Il/ Elle a eu une note injuste.
*zu viele **Hausaufgaben** aufhaben*	avoir trop de **devoirs** *(m. pl.)* à faire
Die Hausaufgaben dauern ein bis zwei Stunden.	Les devoirs prennent une à deux heures.

Schülerleistungen

*gut **in Mathematik** sein*	être bon/ bonne **en mathématiques** *(f. pl.)*
*eine gute/ schlechte **Note** in Mathe haben*	avoir une bonne/ mauvaise **note** en maths
*gute **Französischkenntnisse** haben*	avoir de bonnes **connaissances en français**
*gute **Fortschritte** machen in Latein*	faire de bons **progrès** en latin
*zu wenig **Mathematikkenntnisse** haben*	avoir trop peu de **connaissances en mathématiques**
*Die Schüler können nicht **rechnen**.*	Les élèves ne savent pas **calculer**.

Schwierigkeiten/ Probleme in der Schule haben	**avoir des difficultés** *(f.)* **scolaires**
*in mehreren **Fächern** schwach sein*	être faible dans plusieurs **matières** *(f.)*
***Lernschwächen** haben*	avoir des **difficultés d'apprentissage**
*Er/ Sie hat keine Lust mehr zu **lernen**.*	Il/ Elle n'a plus envie d'**apprendre**.
***Motivationsprobleme** haben*	avoir des **problèmes de motivation**

demotiviert sein durch ...	être **démotivé(e)** par ...
***Nachhilfeunterricht** brauchen*	avoir besoin de **cours particuliers**
Er/ Sie hat Nachhilfeunterricht.	On lui donne des cours particuliers.

Unterrichtsfächer

Englisch/ Französisch/ Deutsch sprechen	parler anglais/ français/ allemand
Englisch/ Französisch/ Spanisch/ Italienisch lernen	apprendre l'anglais/ le français/ l'espagnol/ l'italien
Ich mache Englisch und Französisch.	Je fais de l'anglais et du français.
Französisch ist mein Lieblingsfach.	Le français est ma matière préférée.
zwei Fremdsprachen lernen	apprendre deux langues étrangères
Ich habe Latein als zweite Fremdsprache gewählt.	J'ai choisi le latin comme deuxième langue.
sich in seiner Muttersprache ausdrücken	s'exprimer dans sa langue maternelle
Englisch/ Französisch gefällt mir sehr gut.	L'anglais/ Le français me plaît beaucoup.
Probleme haben in Mathe	avoir des problèmes en maths
eine gute Note in Physik/ in Chemie / in Biologie	une bonne note en physique *(f.)*/ en chimie *(f.)*/ en biologie *(f.)*
der Geschichtsunterricht	le cours d'histoire
Der Geographieunterricht fällt aus.	Il n'y a pas cours en géographie *(f.)*.
seine Kenntnisse in Philosophie testen	tester ses connaissances en philosophie *(f.)*

Leistungskontrollen, Prüfungen

*einen **Test** schreiben in Englisch* — écrire une **interrogation** en anglais

*in der **Mathematikarbeit*** — dans la **composition de mathématiques**

*eine **Prüfung machen** in Englisch* — **passer un examen** en anglais
*die **Prüfung bestehen*** — **réussir à son examen**
*in der Prüfung **durchfallen*** — **échouer à** son examen
die Prüfung verhauen — rater son examen.
das Abitur machen — **passer son bac**

Gewalt an Schulen

***Stress haben mit** Klassenkameraden* — **avoir des ennuis** avec des camarades de classe

*Es gibt **Mobbing** in der Schule.* — Il y a du **mobbing** *(m.)* à l'école.

*Er/ Sie **wird gemobbt**.* — Il/ Elle **est victime de mobbing**.

***gewalttätig** sein **gegenüber** anderen Schülern* — être **violent(e) envers** d'autres élèves

*die **Gewalt** in der Schule* — la **violence** à l'école

Das ist ein gesellschaftliches Problem. — C'est un problème de société.

Schüleraustausch

*Wir haben eine **Partnerschule** in Frankreich.* — Nous avons une **école jumelée** en France.

*Unsere **Partnerstadt** ist Nancy.* — Notre **ville jumelée** est Nancy.

*einen **Schüleraustausch** durchführen* — organiser un **échange scolaire**

*einen guten Kontakt zu seinem **Briefpartner**/ seiner **Briefpartnerin** haben* — avoir un bon contact avec son **correspondant**/ sa **correspondante**

5.2 Studium

Situation der Studenten

in München **studieren**	**faire ses études** à Munich
Medizin studieren	**faire des études de médecine**
Informatik studieren	faire des études d'informatique
einen **Studienplatz** bekommen	obtenir une **place à l'université**
Das **Bachelor-Studium** dauert sechs Semester.	Les **études de bachelor** durent six semestres.
das **Master-Studium** in Publizistik	les **études de master** en journalisme
Die **Studenten** sind gestresst.	Les **étudiants** sont stressés.
eine ausländische **Studentin**	une **étudiante** étrangère
sein **Studium** finanzieren	financer ses **études**
die **Studiengebühren** bezahlen/ abschaffen	payer/ supprimer les **droits universitaires**
die **finanzielle Situation** der Studenten verbessern	améliorer la **situation financière** des étudiants
sein Studium innerhalb von zwei Jahren beenden	terminer ses études en deux ans
sein Examen machen	**passer son examen**
ein **Physik-Diplom** haben	avoir un **diplôme en physique**

Studiengänge

Medizin studieren	faire des études de médecine
Physik studieren	faire des études de physique
Informatik studieren	faire des études d'informatique
Jura studieren	faire des études de droit
Betriebswirtschaft studieren	faire des études de gestion
Publizistik studieren	faire des études de journalisme

Auslandsstudium

im Ausland studieren	faire ses études à l'étranger
für ein Jahr nach England gehen	partir pour un an en Angleterre
ein Semester** im Ausland **verbringen	**passer un semestre** à l'étranger
*ein **Auslandsaufenthalt***	un **séjour à l'étranger**
Das ist eine Frage des Geldes.	C'est une question d'argent.
*die Zahl der **ausländischen** Studenten*	le nombre des **étudiants étrangers**

6 Ausbildung, Beruf

6.1 Ausbildung

Berufsausbildung

einen Beruf erlernen	**apprendre** un métier
*einen Beruf **wählen***	**choisir** un métier
*die **Berufswahl***	le **choix d'un métier**
Sie will Krankenschwester werden.	Elle veut **devenir** infirmière.
*eine gute **Ausbildung** haben*	avoir une bonne **formation**
*seine **Berufsausbildung** beginnen*	commencer sa **formation professionnelle**
*die **Ausbildung als** Pilot*	la **formation de** pilote

---

*Er macht eine **Ausbildung/Lehre als** Koch.*	Il fait un **apprentissage de** cuisinier.
*einen **Ausbildungsplatz** finden*	trouver une **place d'apprentissage**
Er ist noch in der Ausbildung.	Il est encore en apprentissage.
*Er/ Sie ist noch **Lehrling**.*	Il/ Elle est encore **apprenti(e)**.
*einen **Ausbildungsvertrag** über zwei Jahre*	un **contrat d'apprentissage** de deux ans
*ein **Praktikum** machen*	faire un **stage**
*als **Praktikant** arbeiten*	travailler comme **stagiaire**
*Die **Probezeit** dauert 6 Monate.*	La **période d'essai** dure six mois.

Zukunftsaussichten

ein Beruf mit Zukunft	un métier d'avenir
*Er weiß noch nicht, was er **beruflich machen** will.*	Il ne sait pas encore ce qu'il veut **faire comme métier**.

*gute **Zukunftsaussichten** haben*	avoir de bonnes **chances pour l'avenir**
*die **Zukunftsperspektiven** auf dem Arbeitsmarkt*	les **perspectives d'avenir** sur le marché du travail
*Ingenieure **werden sehr gesucht**.*	Les ingénieurs **sont très demandés**.

6.2 Beruf

Beruf

Was sind Sie von Beruf?	**Quelle est votre profession?**
Was machen Sie beruflich?	**Qu'est-ce que vous faites dans la vie?**
einen Beruf ausüben	exercer une profession/ un métier
*eine **berufliche Tätigkeit** ausüben*	exercer une **activité professionnelle**
*einen **Traumberuf** haben*	avoir un **métier de rêve**
Der Beruf ist nicht alles.	Le métier n'est pas tout.
als** Rechtsanwalt **arbeiten	**travailler comme** avocat

---

der Ingenieurberuf	le métier d'ingénieur
der Beruf der Krankenschwester	le métier d'infirmière
*ein **stressiger** Beruf*	un métier **stressant**
viel Stress bei der Arbeit haben	avoir beaucoup de stress au travail
ein Beruf, in dem man viel verdient	un métier où on gagne beaucoup d'argent
ihren Beruf als Sekretärin aufgeben	**abandonner son métier de secrétaire**
wieder in seinen Beruf einsteigen	**reprendre son métier**

einen anderen Beruf wählen	changer de métier
*beruflich **den Anschluss verlieren***	**perdre le contact** avec le monde professionnel
Es wird viel verlangt.	On demande beaucoup.

Berufe

Arzthelferin	assistante médicale
Bankkaufmann/ Bankkauffrau	employé(e) de banque diplômé(e)
Elektroniker/ Elektronikerin	électronicien/ électronicienne
Erzieher/ Erzieherin	éducateur/ éducatrice
Friseur/ Friseurin	coiffeur/ coiffeuse
Hotelkaufmann/ Hotelkauffrau	assistant(e) manager hôtellerie
Koch/ Köchin	cuisinier/ cuisinière
Kosmetikerin	esthéticienne
Krankenpfleger/ Krankenschwester	infirmier/ infirmière
Model	modèle-photo, modèle-mannequin
Pilot/ Pilotin	pilote
Schauspieler/ Schauspielerin	acteur/ actrice
Flugbegleiter/ Flugbegleiterin	steward/ hôtesse de l'air
Tierarzthelferin	assistante vétérinaire

Journalist/ Journalistin	journaliste
Rechtsanwalt/ Rechtsanwältin	avocat/ avocate
Informatiker/ Informatikerin	informaticien/ informaticienne
Ingenieur/ Ingenieurin	ingénieur
Architekt/ Architektin	architecte
Arzt/ Ärztin	médecin
Zahnarzt/ Zahnärztin	dentiste
Lehrer/ Lehrerin	enseignant/ enseignante
(Gymnasial-)Lehrer/ Lehrerin	professeur
Psychologe / Psychologin	psychologue

Arbeitsplatz

einen **sicheren Arbeitsplatz** haben	avoir un **emploi stable**
eine **gut bezahlte Arbeit**	un **travail bien payé**
Arbeit haben	**avoir du travail**
Arbeit finden	trouver du travail
Er/ Sie hat keine Arbeit.	Il/ Elle n'a pas de travail.

Teilzeit arbeiten	travailler **à temps partiel**
eine **Teilzeitstelle** suchen	chercher un **emploi à temps partiel**
Vollzeit arbeiten	travailler **à plein temps/ à temps complet**

---

eine gute **Qualifikation** haben	avoir une bonne **qualification**
Er ist nicht **qualifiziert** für diese **Stelle**.	Il n'est pas **qualifié** pour ce **poste**.
Sie ist **überqualifiziert** für diese Arbeit.	Elle est **trop qualifiée** pour ce travail.

---

sich in seinem Beruf einsetzen	s'engager dans son métier
Karriere machen	**faire carrière**
sehr **motiviert** sein	être très **motivé(e)**
eine große **Motivation** haben	avoir une grande **motivation**

Arbeitsbedingungen

gute **Arbeitsbedingungen** haben	avoir de bonnes **conditions de travail**
schlechte Arbeitsbedingungen haben	avoir de mauvaises conditions de travail
Die Arbeitsbedingungen sind katastrophal.	Les conditions de travail sont catastrophiques.

*einen **schlecht bezahlten** **Job** haben*	avoir un **job mal payé**
Er/ Sie verdient nicht viel.	Il/ Elle ne gagne pas beaucoup d'argent.
*Der **Lohn** ist um 5 % gestiegen.*	Le **salaire** a augmenté de cinq pour cent.
*Die **Überstunden** werden nicht bezahlt.*	Les **heures supplémentaires** ne sont pas payées.
40 Stunden** in der Woche **arbeiten	**faire quarante heures par semaine.**

---

*viel **Stress** haben*	avoir beaucoup de **stress**
***Ärger** mit **Kollegen** haben*	avoir des **ennuis** avec des **collègues**
*einen schwierigen **Chef** haben*	avoir un **chef** difficile
*völlig **erschöpft** sein nach der Arbeit*	être complèment *(adv.)* **épuisé(e)** après son travail.
***vier Wochen Urlaub** haben*	**avoir quatre semaines de congé**

***Angst haben um** seinen Arbeitsplatz*	**avoir peur pour** son emploi
seinen Arbeitsplatz verlieren	perdre son emploi
arbeitslos werden	**être au chômage**
arbeitslos sein	**être au chômage**
in Kurzarbeit sein	**être au chômage partiel**
einen neuen Arbeitsplatz finden (neu)	trouver un nouvel emploi *(nouveau, nouvel/ nouvelle)*
*Seine/Ihre Firma hat mehrere Leute **entlassen**.*	Son entreprise *(f.)* a **licencié** plusieurs personnes.
Arbeitsplätze abbauen	**supprimer des emplois**

7 Handy, Computer, Internet

7.1 Handy

Handy und Smartphone

*ein **Handy mit Vertrag***	un (**téléphone**) **portable avec contrat**
*ein **Prepaid Handy***	un **portable avec carte prépayée**
*die **Klingeltöne** auf mein Handy **herunterladen***	**télécharger** les **sonneries** *(f.)* sur mon portable
*ein **Handy mit Kamera***	un **téléphone portable avec caméra**
*ein Handy mit **Navigation***	un portable avec **navigation**

---

*Ich habe mir ein **Smartphone** gekauft.*	Je me suis acheté un **smartphone**.
*die Musik **kostenlos herunterladen***	**télécharger** la musique **gratuitement** *(adv.)*
*Das **mobile Internet** ist sehr teuer.*	L'**Internet mobile** est très cher.
Fotos machen	prendre des photos *(f.)*
Videos machen	faire des vidéos *(m.)*
*Videos **aus dem Internet herunterladen***	**télécharger** des vidéos **d'Internet**
Gewaltvideos	des **vidéos de violence**
Pornovideos	des **vidéos de porno**
*das Foto/ das Video **ins Internet stellen***	**mettre** la photo/ le vidéo **sur Internet**
*Fotos **mit dem Handy** verschicken*	**envoyer** des photos **avec le (téléphone) portable**
E-Mails/ SMS verschicken	envoyer des e-mails/ des SMS

Cyber-Mobbing machen	faire du **mobbing sur Internet**
jdn mobben	**faire du mobbing envers** qn
ein Mobbingopfer werden	être **victime de mobbing**

Soziale Netzwerke

in einem sozialen Netzwerk sein	être inscrit(e) sur un réseau social
Ich bin bei Facebook.	Je suis inscrit(e) sur facebook.
seine persönlichen Daten	ses **données personnelles**
mehrere Fotos in sein Profil stellen	mettre plusieurs photos dans son **profil**
neue Freunde kennen lernen	se faire de nouveaux amis
neue Kontakte suchen	chercher de nouveaux contacts
ähnliche Interessen haben	avoir des **goûts** *(m.)* **pareils**

---

ein Pseudonym wählen	choisir un **pseudonyme**
sein Passwort geheim halten	**garder son mot de passe secret**
seine Privatsphäre schützen	protéger sa **vie privée**
seine persönlichen Daten im Internet löschen	**effacer** ses données personnelles sur Internet
sein Konto deaktivieren	**désactiver** son **compte**

7.2 Computer und Internet

Computerarbeit

Ich arbeite viel am Computer.	**Je travaille** beaucoup **sur l'ordinateur**.
online zu Hause arbeiten	travailler **en ligne** à domicile
Ich arbeite von zu Hause aus.	Je travaille de chez moi.
Ich mache die ganze Büroarbeit am PC.	Je fais tout mon travail de bureau **sur mon pc**.

*Er/ Sie hat eine eigene **Homepage**.*	Il/ Elle a un **site** sur Internet.
***Textverarbeitung** machen*	faire du **traitement de texte**
*die **Datei** per **E-Mail** schicken*	envoyer le **fichier par e-mail**
*Ich nehme meinen **Laptop** mit ins Büro.*	J'emmène mon **portable** au bureau.

---

*Die **Computerarbeit** ist sehr anstrengend.*	**Travailler sur l'ordinateur** est très fatigant.
*lange **am Bildschirm arbeiten***	**regarder l'écran** longtemps
Das ist schlecht für die Augen.	Cela fait mal aux yeux.
Da bekomme ich Kopfschmerzen.	Cela me fait mal à la tête.
Ich mache alle halbe Stunde eine Pause.	Je fais une pause toutes les demi-heures.

Computerprobleme

***Mein PC** läuft sehr langsam.*	**Mon pc** marche très lentement *(adv.)*.
*eine **Software herunterladen***	**télécharger** un **logiciel**
*Ich habe ein Problem mit meinem **Tablet PC**.*	J'ai un problème avec mon **tablet pc**.
*Ich habe **kein Internet**.*	Je n'ai **pas d'Internet**.
*Ich habe keinen **Internetanschluss**.*	Je n'ai pas de **connexion Internet**.
*Wie soll ich das **Antivirenprogramm installieren/ deinstallieren**?*	Comment **installer/ déinstaller** le **programme antivirus**?
Wie kann ich meine Fotos auf meinen PC bringen?	Comment mettre mes photos sur mon pc?
*Mein **Drucker** läuft nicht.*	Mon **imprimante** *(f.)* ne fonctionne pas

Online-Banking

Online-Banking machen — faire de la banque en ligne

Online-Banking ist nicht immer sicher. — La banque en ligne n'est pas toujours sûre.

*gewisse **Risiken** beinhalten* — comporter certains **risques**

Risiken vermeiden — éviter des risques

*die **Kontonummer** und das **Passwort** ausspähen* — espionner le **numéro de compte** et le **mot de passe**

einen größeren Geldbetrag abbuchen — retirer une grosse somme d'argent

Online-Shopping

Ich mache Online-Shopping. — **Je fais du shopping en ligne.**

*im **Netz** kaufen* — acheter **en ligne**

*in den **Online-Shops** kaufen* — acheter dans les **magasins en ligne**

*Man kann die **Preise** besser **vergleichen**.* — On peut mieux **comparer** les **prix**.

*Man kann **viel Geld sparen**.* — On peut **économiser beaucoup d'argent**.

*Es gibt mehr **Auswahl**.* — Il y a plus de **choix** (m.).

Weitere Computernutzung

*Musik **aus dem Internet herunterladen*** — **télécharger** de la musique d'Internet

*Es ist **illegal**, Musik/ Filme herunterzuladen.* — C'est **illégal** de télécharger de la musique/ des films.

*die Videos **auf den PC laden*** — **télécharger** les vidéos **sur le pc**

*das **E-Book** auf den Computer herunterladen* — télécharger le **livre électronique** sur son ordinateur

auf dem Computer fernsehen	regarder la télé **sur l'ordinateur**
über das Internet fernsehen	regarder la télé **sur Internet**
über das Internet telefonieren	téléphoner sur Internet

---

im Internet **rechercher**	**faire des recherches** sur Internet
das **Stichwort** *in die* **Suchmaschine** *eingeben*	introduire le **mot-clé** dans le **moteur de recherche**
wichtige **Webseiten** *finden*	trouver des **sites** importants

---

eine Reise **online buchen**	**réserver** un voyage **en ligne**
eine Flugticket online buchen	réserver un billet d'avion en ligne
die Eintrittskarte **online kaufen**	**acheter** le billet d'entrée **en ligne**

7.3 Computerspiele, Surfen, Chatten

Kinder und Computer

Er/ Sie **sitzt den ganzen Tag** *vor dem Computer.*	Il/ Elle **passe toute la journée** devant son ordinateur.
den Kindern die **Gefahren** *des Internet erklären*	expliquer les **dangers d'Internet** aux enfants
kontrollieren, *was Kinder im Internet machen*	**contrôler** ce que font les enfants sur Internet

---

die **Zeit am Computer** *begrenzen*	limiter le **temps d'utilisation** de l'ordinateur
mit einem **Lernprogramm** *arbeiten*	travailler avec un **logiciel d'apprentissage**

ein Lernprogramm für Mathematik	un logiciel d'apprentissage des mathématiques
*die **Kreativität** fördern*	favoriser la **créativité**
bessere Noten in Mathematik bekommen	obtenir de meilleures notes en mathématiques

Computerspiele

Computerspiele spielen	**jouer aux jeux vidéo** (m.)
den Kindern erlauben/ verbieten, …	permettre/ interdire aux enfants de …
*Manche Computerspiele sind für Kinder **ungeeignet**.*	Certains jeux vidéo ne sont **pas adaptés** pour les enfants.
Er spielt immer länger.	Il joue de plus en plus longtemps.
*auf der **Playstation** spielen*	jouer sur sa **console**

---

*die **Killerspiele** verbieten*	interdire les **jeux vidéo violents**
*Die **Gewaltspiele** sind gefährlich.* *(gefährlich)*	Les **jeux violents** sont dangereux. *(dangereux/dangereuse)*
*Sie haben **eine negative Wirkung auf** …*	Ils ont **un effet négatif sur** …
*die **Gewalt** verherrlichen*	glorifier la **violence**
*den **Bezug zur Wirklichkeit** verlieren*	perdre le **contact avec la réalité**
aus** der Realität **flüchten	**s'évader de** la réalité
*in eine **Fantasiewelt** flüchten*	s'évader dans un **monde imaginaire**

Surfen

*stundenlang im Internet **surfen***	**surfer** [sœʀfe] sur Internet pendant des heures
anonym surfen	surfer anonymement *(adv.)*
*Jede **Aktivität im Netz** hinterlässt Spuren.*	Toute **activité sur le Net** laisse des traces *(f.)*.
*Man darf **seine Identität** nicht **preisgeben**.*	Il ne faut pas **révéler son identité** *(f.)*.
*seine Identität **verschleiern***	**cacher** son identité
*Surfen im Internet **ist mit Risiken verbunden**.*	Surfer sur Internet **comporte des risques**.
*eine **Internet-Sucht** haben*	avoir la **passion d'Internet**
sich** immer mehr **von** der realen Welt **abschotten	**s'isoler** de plus en plus du monde réel

Chatten

*Er/ Sie **chattet** mit seinen/ihren Freunden.*	Il/ Elle **chatte** [tʃat] avec ses amis.
sich mit Gleichaltrigen austauschen	parler avec des jeunes de son âge
*Fotos und **Videos tauschen***	**échanger** des photos et **des vidéos**
***Im Internet chatten** bringt Risiken mit sich.*	**Chatter sur Internet** comporte des risques.
*problematische und **gefährliche Kontakte***	des **contacts** problématiques et **dangereux**
*Man erhält **verbale Angriffe**.*	On reçoit des **attaques** (f.) **verbales**.
***sexistische** und **rassistische** Anspielungen machen*	faire des **allusions** (f.) **sexistes** et **racistes**
*E-Mails mit einer **falschen Identität** schicken*	envoyer des e-mails avec une **fausse identité**
das Passwort knacken	**cracker le mot de passe**

8 Freizeit, Musik, Sport

8.1 Freizeit

Freizeit

*Was machst du **in deiner Freizeit**?*
Qu'est-ce que tu fais **pendant ton temps libre**?

Ich habe wenig Freizeit.
J'ai peu de temps libre.

*Die **Freizeit** hat eine große Bedeutung.*
Les **loisirs** ont une grande importance.

*Es gibt ein großes **Freizeitangebot**.*
Il y a beaucoup d'**activités de loisirs**.

*Wir leben in einer **Freizeitgesellschaft**.*
Nous vivons dans une **société de loisirs**. *(vivre)*

Freizeitaktivitäten

*Er hat keine Zeit für seine **Hobbys**.*
Il n'a pas le temps pour ses **hobbies** *(m.)*.

Ihre Hobbys sind Reiten, Tennis und Tanzen.
Ses hobbies sont l'équitation, le tennis et la danse.

***Ich mache Fitness**, ich fahre Rad und ich mache etwas Jogging.*
Je fais du fitness, du vélo et un peu de jogging.

*Ich lese viel. Ich lese meine **E-Books** auf meinem iPad / auf meinem E-Book Reader.*
Je lis beaucoup. Je lis mes **ebooks** sur mon iPad / sur mon ebook reader.

Wenn ich Zeit habe, bastle ich.
Quand j'ai le temps, je bricole.

Ich mache Videos mit meiner Webcam.
Je fais des vidéos avec ma webcam.

*Er/ Sie hat **wenig Interessen**.*
Il/ Elle a **peu d'intérêts**.

Interessen

fernsehen	regarder la télé
Musik hören	écouter de la musique
Musik machen	faire de la musique
am Computer spielen	jouer sur l'ordinateur
im Internet surfen	surfer sur Internet
Bücher lesen über die Astrophysik	lire des livres sur l'astrophysique
fotografieren	faire de la photo
Videos machen	faire des vidéos
malen	faire de la peinture
Schach spielen im Internet	jouer aux échecs sur Internet
basteln, werkeln	bricoler
im Garten arbeiten	faire du jardinage
shoppen gehen	fais du shopping
etwas kompliziertere Dinge kochen	cuisiner des choses un peu plus compliquées

Ausgehen

etwas *mit Freunden unternehmen*	**sortir** avec des amis
Ich treffe mich mit *Freunden.*	**Je vais voir** des amis.
sich *im Jugendzentrum* ***treffen***	**se rencontrer** au centre des jeunes.
in die ***Disko*** *gehen*	aller **en boîte** *(f.)*
eine neue ***Diskothek***	une nouvelle **discothèque**
in einer ***Clique*** *sein*	être dans une **bande**
in einer ***Rockgruppe*** *sein*	être dans une **bande de rock**
einen Geburtstag feiern	fêter un anniversaire
Ich gehe oft/ selten ***ins Kino****.*	Je vais souvent/ rarement *(adv.)* au cinéma.
in ein ***Rockkonzert*** *gehen*	aller à un concert de rock

8.2 Musik

Musik

Ich *höre* gerne **Musik**, um mich zu entspannen.	J'aime **écouter de la musique** pour me relaxer. *(se relaxer)*
Ich mag die angelsächsische Musik sehr.	J'aime beaucoup la musique anglo-saxonne.
Die moderne Musik gefällt mir nicht.	La musique moderne ne me plaît pas.
Dieses **Lied** ist ein großer Hit.	Cette **chanson** est un gros tube.
Dieses Lied hat eine nette **Melodie**.	Cette chanson a une **mélodie** sympathique.
Den Text kann man sich leicht merken.	**Les paroles** sont faciles à retenir.

---

dieser **Sänger**/ diese **Sängerin**	ce **chanteur**/ cette **chanteuse**
Er/ Sie ist **auf Tournee** in ganz Europa.	Il/ Elle est **en tournée** dans toute l'Europe.
live singen	**chanter en direct**
Play-back singen	**chanter en play-back**
Er/ Sie **hat** ein neues **Album herausgebracht**.	Il/ Elle **a sorti** un **nouvel** album [albɔm].
die neue **Single** von … kaufen	acheter le nouveau **single** de …

Musikveranstaltung

Er/ Sie gibt ein **Konzert** in Frankfurt.	Il/ Elle donne un **concert** à Francfort.
Am Samstag **war ich in einem Konzert** von …	Samedi, **je suis allé(e) à un concert** de …
Musiker aus mehreren Nationen	des **musiciens** de plusieurs nations

*Das **Musikfestival** findet unter freiem Himmel statt.*	Ce **festival de musique** a lieu en plein air.

Musik machen

***Ich kann nicht** (gut) **singen**.*	**Je ne sais pas** (bien) **chanter**.
bei der Arbeit singen	chanter au travail
*in einem **Chor** singen*	chanter dans une **chorale**
ein Instrument spielen	**jouer d'un instrument**
*in eine **Musikschule** gehen*	aller dans une **école de musique**
***Gitarre lernen**, ohne die Noten zu kennen*	**apprendre la guitare** sans connaître les notes
Gitarre spielen	**jouer de la guitare**
Klavier spielen	**jouer du piano**
das Klavierspielen lernen	apprendre à jouer du piano
***Klavierstunden** nehmen*	prendre **des cours de piano**
*zu einem **Musiklehrer** gehen*	aller chez un **professeur de musique**

Musik machen

Musik machen	faire de la musique
Gitarre/ Flöte spielen	jouer de la guitare/ de la flûte
Klavier/ Geige spielen	jouer du piano/ du violon
Keyboard/ Saxofon spielen	jouer du keyboard/ du saxophone
Trompete spielen	jouer de la trompette
Klarinette spielen	jouer de la clarinette
Schlagzeug spielen	jouer de la batterie
Orgel spielen	jouer de l'orgue *(m.)*
ein Stück auf einer Orgel spielen	jouer un morceau sur un orgue

8.3 Sport

Sport und Fitness

regelmäßig **Sport** *treiben*
faire regulièrement *(adv.)* **du sport**

Sport *ist gut gegen den* **Stress.**
Le **sport** est bon contre le **stress.**

Ich bin nicht **sportlich.**
Je ne suis pas **sportif/ sportive.**

fit sein/ bleiben
être/ rester en forme

---

etwas für seine **Gesundheit** *tun*
faire quelque chose pour sa **santé**

Übungen machen
faire des exercices
um abzunehmen
pour maigrir

Crosstraining machen
faire du vélo elliptique

sich auf den **Hometrainer** *setzen*
se mettre sur le **vélo d'appartement**

Fitnessübungen machen
faire des exercices de fitness
mit einer DVD
avec un dvd

---

ins **Fitnessstudio** *gehen*
aller au **centre de fitness**

Kraftsport machen
faire des exercices de musculation

ein **Fitnesstrainer**
un **entraîneur de fitness**

Fußball

Er **spielt Fußball.**
Il **joue au football.**
(Fußball spielen (konkret))
(jouer au football)

Meine Tochter **möchte Fußball spielen.**
Ma fille **voudrait faire du football.**
(Fußball spielen (Sportart))
(faire du football)

auf dem **Sportplatz**
sur le **terrain de sport**

hart **trainieren**
s'entraîner dur

*in seiner/ ihrer **Mannschaft***	dans son **équipe** *(f.)*
*das **Spiel** 3:2 **gewinnen***	**gagner** le **match** par 3 à 2
*... **hat** das Spiel **verloren**.*	... **a perdu** le match *(perdre)*
*ein **Tor schießen***	**marquer un but**

---

*Deutschland **hat** Belgien 4:1 **geschlagen**.*	L'Allemagne **a battu** la Belgique par 4 à 1. *(battre)*
*ein guter **Fußballspieler***	un bon **joueur de football**
*Er spielt in der deutschen **Nationalmanschaft**.*	Il joue dans l'**équipe nationale** allemande.
*die **Europameisterschaft** gewinnen*	**gagner le championnat d'Europe**
*die **Fußballweltmeisterschaft** gewinnen*	gagner la **coupe du monde** de football

Tennis

Tennis spielen	**jouer au tennis**
*Er/ Sie **möchte Tennisspielen lernen**.*	Il/ Elle **voudrait apprendre à jouer au tennis**.
*in einem **Tennisklub** spielen*	jouer dans un **club de tennis**
*auf einem **Tennisplatz***	sur un **court de tennis**
*in einer **Tennishalle***	dans un **court de tennis couvert**
*der beste **Tennisspieler** der Welt*	le meilleur **joueur de tennis** du monde
*eine deutsche **Tennisspielerin***	une **joueuse de tennis** allemande
*Er/ Sie hat das **Tennisturnier** von Wimbledon gewonnen.*	Il/ Elle a gagné le **tournoi de tennis** de Wimbledon.
Er/ Sie ist die Nummer eins der Weltrangliste.	Il/ Elle est le numéro un mondial.

Weitere Sportarten

Golf spielen — jouer au golf
Basketball spielen — jouer au basket(-ball)
Volleyball spielen — jouer au volley(-ball)
Handball spielen — jouer au handball
Badminton spielen — jouer au badminton
Tischtennis spielen — jouer au tennis de table

Rad fahren — faire du vélo
Inline-Skate fahren — faire du roller
Skateboard fahren — faire du skateboard
Nordic-Walking machen — faire du nordic walking
joggen — faire du jogging

Wassersport

schwimmen gehen — aller **nager**

Sie schwimmt besser als ich. — **Elle nage** mieux que moi.

Sie schwimmt seit ihrem siebten Lebensjahr. — **Elle fait de la natation** depuis l'âge de sept ans.

ins Schwimmbad/ ins Hallenbad gehen — aller à la **piscine**/ à la **piscine couverte**

Schwimmen ist gut für die Figur. — **La natation** est bonne pour la ligne.

im Mittelmeer tauchen — **faire de la plongée** dans la Méditerranée

segeln lernen — apprendre à **faire de la voile**

Es gibt die Möglichkeit zu surfen. — Il y a la possibilité de **faire de la planche à voile**.

Wintersport

Ich kann nicht Ski laufen. — **Je ne sais pas faire du ski**.

Ich habe mit 10 Jahren das Skilaufen gelernt. — **J'ai appris à skier** à l'âge de dix ans.

in den Wintersport fahren	**aller aux sports d'hiver**
*Ich hatte einen **Skiunfall**.*	J'ai eu un **accident de ski**.
*nach einem Zusammenstoß mit einem **Skifahrer***	après une collision avec un **skieur**
*Die **Skilifte** waren nicht in Betrieb.*	Les **téléskis** n'étaient pas en service.

Reiten

reiten gehen	**aller faire du cheval**
***Reitstunden** nehmen*	prendre des **cours d'équitation**
*in einer **Reithalle***	dans un **manège couvert**
*Sie will unbedingt ein eigenes **Pferd** haben.*	Elle veut absolument *(adv.)* avoir son propre **cheval**.

Sportveranstaltungen

*eine **Goldmedaille** gewinnen*	gagner une **médaille d'or**
*eine **Silbermedaille***	une **médaille d'argent**
*eine **Bronzemedaille***	une **médaille de bronze**
*bei der **Weltmeisterschaft***	**au championnat du monde**
*bei der **Europameisterschaft***	**au championnat d'Europe**
*bei den **Olympischen Spielen***	**aux Jeux olympiques** [ɔlɛ̃pik]

---

*an der **Tour de France** teilnehmen*	participer au **Tour de France**
*warum sich die **Sportler**/ die **Radrennfahrer dopen***	pourquoi les **sportifs**/ les **coureurs cyclistes se dopent**
Er war gedopt.	**Il a été dopé.**
*... **hat das Rennen** von Monaco **gewonnen**.*	... **a remporté la course** de Monaco.
den Großen Preis von Spanien gewinnen	remporter le Grand Prix d'Espagne

9 Urlaub, Reisen, Tourismus

9.1 Urlaub

Urlaub

Urlaub haben/ in Urlaub sein	être en congé/ être en vacances
Urlaub nehmen	prendre un congé
in Urlaub fahren	partir en congé
allein *in die Ferien fahren*	**partir** seul(e) **en vacances**
Ferien machen in Spanien	**passer ses vacances** en Espagne
Ich bin vom 10. - 20. April in Urlaub.	**Je suis en vacances** du 10 au 20 avril.
Wohin fahren Sie in den Ferien?	**Où allez-vous pendant les vacances?**

Schulferien

*Die **Schulferien** sind vom 1. Juli – 15. August.*	Les **vacances scolaires** sont du premier juillet au 15 août.
in den Ferien	**pendant les vacances**
*Was machst du **in den großen Ferien**?*	Qu'est-ce que tu fais **pendant les grandes vacances?**
in den Sommerferien	**pendant les vacances d'été**
in den Osterferien einen Segelkurs machen	faire un stage de voile **pendant les vacances de Pâques**
in den Weihnachtsferien zum Skilaufen fahren	partir faire du ski **pendant les vacances de Noël**
in den Winterferien	**pendant les vacances d'hiver**

9.2 Reisen

Reisevorbereitungen

*eine **Reise** nach Israel **machen***	**faire un voyage** en Israël
*mit der **Familie reisen***	**voyager en famille**
*den **Flug** in einem Online-Reisebüro **buchen***	**réserver le billet d'avion** dans une agence de voyages en ligne
*die **Buchung stornieren***	**annuler la réservation**

---

*dieser **Katalog**/ dieser **Prospekt***	ce catalogue/ ce **prospectus**
*ein **Verzeichnis** der Hotels und Restaurants*	une **liste** des hôtels et restaurants
sich über** die wichtigsten Sehenswürdigkeiten **informieren	**se renseigner sur** les principales curiosités *(f. pl.)* à visiter
*ein guter **Reiseführer** über Griechenland*	un bon **guide de voyage** de la Grèce
*eine **Straßenkarte** von Italien*	une **carte routière** de l'Italie

---

*zu viel **Gepäck** haben*	avoir trop de **bagages** *(m. pl.)*
*die **Koffer packen***	**faire les valises** *(f.)*
*die Kleidung in den **Trolley** packen*	mettre les vêtements dans le **sac de voyage à roulettes**
*den Laptop ins **Handgepäck** stecken*	mettre l'ordinateur portable dans les **bagages à main**

Flugreise

*in die Türkei **fliegen***	**aller** en Turquie
Wir fliegen dorthin.	Nous y allons en avion.
*eine **Last-Minute-Reise** buchen*	réserver **un voyage de dernière minute**

eine Pauschalreise	un **voyage tout compris**
mit einer Billigfluglinie fliegen	**voler avec une compagnie aérienne à bas prix**
Es ist das erste Mal, dass ich fliege.	C'est la première fois que **je prends l'avion**.
Ich habe etwas Angst vor dem Fliegen.	J'ai un peu **peur de prendre l'avion**.
mit dem Wagen zum Flughafen fahren	aller à l'**aéroport** *(m.)* en voiture

---

Der Flug sollte am 10. Juni stattfinden.	Le **vol** devait avoir lieu le 10 juin.
Der Abflug hat sich um einen Tag verzögert.	Le **départ** s'est retardé d'un jour. *(se retarder)*
Es gab einen Streik der Piloten.	Il y a eu une **grève des pilotes**.
bei der Sicherheitskontrolle	au **contrôle** *(m.)* de **sécurité**
Wir mussten durch einen Körperscanner gehen.	Nous avons dû passer par un **scanner corporel**.

Busreise

Wir haben eine Busreise nach Italien gemacht.	Nous avons fait un **voyage en car** en Italie.
historische Baudenkmäler/ Museen/ Kirchen/ Schlösser besichtigen	**visiter** des **monuments historiques**/ des **musées**/ des **églises**/ des **châteaux**
die Sehenswürdigkeiten der Stadt	les **curiosités** de la ville
an einer Führung teilnehmen	participer à une **visite guidée**
ein sehr kompetenter Reiseleiter	un **guide** très compétent
eine sehr informative Reise	**un voyage** très **instructif**

Rundreise

eine **Rundreise** durch die USA machen	faire un **circuit** aux Etats-Unis
durch Kalifornien	en Californie
durch den Süden der USA	dans le sud des Etats-Unis
ein Auto **mieten**	**louer** une voiture
mit dem Wohnmobil reisen	voyager **en camping-car**
neue Erfahrungen machen	faire de nouvelles expériences
Land und Leute kennen lernen	connaître le pays et les gens

Schiffsreise

eine **Schiffsreise** machen	faire un **voyage en bateau**
eine **Kreuzfahrt** im Mittelmeer machen	faire une **croisière** en Méditarranée
Die Ausflüge **kosteten extra**.	Les excursions **étaient en supplément**.
Die Ausflüge **waren im Preis inbegriffen**. *(inbegriffren)*	Les excursions **étaient incluses dans le prix**. *(inclus(e))*
Das Essen an Bord war fantastisch.	Les repas à bord étaient fantastiques.
Der Service war hervorragend.	Le service était excellent.
viele **Unterhaltungsmöglichkeiten**	beaucoup de **possibilités de distraction**
viele **sportliche Aktivitäten** anbieten	offrir beaucoup d'**activités sportives**

Campingurlaub am Meer

Campingurlaub machen	**aller faire du camping**
ans Meer fahren	aller **au bord de la mer**
an die Ostsee/ an die Nordsee fahren	aller au bord de la mer Baltique / au bord de la mer du Nord

*Wir fahren **mit dem** **Wohnmobil** dorthin.* — Nous y allons **en camping-car**.

*Der **Campingplatz** liegt direkt am Meer.* — Le **camping** est directement *(adv.)* au bord de la mer.

***im Zelt** schlafen* — coucher **sous la tente**

---

*den ganzen Tag **am Strand** liegen* — être **sur la plage** toute la journée

*in einem **Strandkorb** sitzen* — être assis(e) dans un **fauteuil de plage**

***ins Wasser** gehen* — aller **dans l'eau**

***schwimmen** gehen* — aller **nager**

***Aktivurlaub** machen* — passer des **vacances actives**

***Tauchen** lernen* — apprendre à **faire de la plongée**

***Segeln** lernen* — apprendre à **faire de la voile**

Urlaub in den Bergen

***in die Berge**/ in die Alpen fahren* — aller **à la montagne**/ dans les Alpes

Bergwanderungen** machen mit einem **Führer — faire des **randonnées en montagne** avec un guide

*in einer **Berghütte** schlafen* — dormir dans un **refuge**

*eine **Trekkingtour** in den Alpen machen* — faire du **trekking** *(m.)* dans les Alpes

*unter der Führung eines erfahrenen **Bergführers*** — sous la conduite d'un **guide de montagne** expérimenté

auf** einen Berg **klettern — **escalader** une montagne

*einen **Kletterkurs** machen* — suivre un **cours d'escalade**

***Mountainbike-Touren** machen* — faire des **randonnées en vélo tout terrain**

Unterkunft

*in einem **4-Sterne-Hotel** wohnen*	loger dans un **hôtel quatre étoiles**
*ein nettes Hotel **mit Meerblick***	un hôtel sympathique **avec vue sur la mer**
*Wir haben in einer kleinen familiär geführten **Pension** gewohnt.*	Nous avons logé dans une petite **pension** familiale.
*ein **Aufenthalt** mit **Halbpension**/ mit **Vollpension***	un **séjour** avec **demi-pension**/ avec **pension complète**
*eine **Ferienwohnung**/ ein **Ferienhaus** mieten*	louer un **appartement de vacances**/ une **maison de vacances**
*Neujahr in einem **Chalet** in den Bergen verbringen*	passer le jour de l'An dans un **chalet** à la montagne

---

*Wir waren in einer **Jugendherberge**.*	Nous avons séjourné dans une **auberge de jeunesse**.
*Er/ Sie war zum ersten Mal in einem **Ferienklub**.*	Il/ Elle est allé(e) pour la première fois dans un **club de vacances**.

9.3 Tourismus

*vom **Tourismus** leben*	vivre du **tourisme**
*Der Tourismus ist ein wichtiger **Wirtschaftsfaktor**.*	Le tourisme est un **facteur économique** important.
*viele ausländische **Touristen***	beaucoup de **touristes** étrangers
*Die Türkei ist ein wichtiges **Urlaubsland**.*	La Turquie est un **pays touristique** important.

eine **Urlaubsregion**, die viele Touristen anzieht	une **région touristique** qui attire beaucoup de touristes
ein sehr bekannter **Touristenort**	un **lieu touristique** renommé

Auf Mallorca sind die Temperaturen das ganze Jahr über mild. *(mild)*	**Sur Majorque**, les températures sont douces pendant toute l'année. *(doux/ douce)*
An der Südküste gibt es den **Massentourismus**.	**Sur la côte sud**, il y a le **tourisme de masse**.
Er hat **positive Auswirkungen** auf die Wirtschaft des Landes.	Il a des **effets positifs** sur l'économie du pays.
Er hat auch **negative Auswirkungen** auf die Natur.	Il a aussi des **effets négatifs** sur la nature.

---

eine **Fernreise** machen	faire un **voyage dans un pays lointain**
auf die Seychellen/ auf die Malediven reisen	aller aux seychelles *(f.)*/ aux maldives *(f.)*
eine fremde Kultur kennen lernen	faire la connaissance d'**une civilisation étrangère**
Fernreisen sind schlecht für das Klima.	**Voyager dans un pays lointain**, c'est mauvais pour le climat.

10 Gesellschaft

10.1 Ältere Menschen

Die Senioren und die Gesellschaft

der **demografische Wandel**	le **changement démographique**
Es gibt immer mehr **ältere Menschen**.	Il y a de plus en plus de **personnes âgées**.
Sie spielen eine wichtige Rolle in der **Gesellschaft**.	Elles jouent un rôle important dans la **société**.
Sie stellen einen bedeutenden **Wirtschaftsfaktor** dar.	Elles constituent un **facteur économique** important.
Sie sind eine starke **Konsumentengruppe**.	Elles sont un **groupe de consommateurs** important.
seine Fähigkeiten in die Gesellschaft einbringen	mettre ses capacités au profit de la société
sich ehrenamtlich **engagieren**	**s'engager** bénévolement *(adv.)*

Jung und Alt

der Dialog **zwischen Jung und Alt**	le dialogue **entre jeunes et vieux**
Brücken zwischen den **Generationen** bauen	construire des ponts *(m.)* entre les **générations** *(f.)*
der **Zusammenhalt** zwischen den Generationen	la **solidarité** entre les générations
das **gegenseitige Verständnis** fördern	favoriser la **compréhension mutuelle**
Die Alten können **von den Jungen lernen** und umgekehrt.	Les vieux peuvent **apprendre des jeunes** et vice versa.

Die Situation älterer Menschen

*Es gibt immer mehr **Arme**.*	Il y a de plus en plus de **pauvres**.
*Sie haben **eine kleine Rente**.*	Ils ont **une petite pension**.
*sehr wenig **Kontakt zu** seinen Nachbarn haben*	avoir très peu de **contact avec** ses voisins
vereinsamen	**vivre dans l'isolement** *(m.)*
***Sie brauchen Hilfe**.*	**Ils ont besoin d'aide** *(f.)*.
*Das **soziale Umfeld** ist sehr wichtig.*	L'**environnement social** est très important.
*Sie wollen selbst **über** ihr Leben **bestimmen**.*	Ils veulent **décider de** leur vie eux-mêmes.
*Sie haben Angst, **von anderen abhängig** zu **sein**.*	Ils ont peur d'**être dépendants d'autres personnes**.

Häusliche Betreuung und Pflege

*die **älteren Menschen** betreuen*	prendre soin des **personnes âgées**
***die Betreuung** der alten Menschen*	**les soins** *(m.)* des personnes âgées
*den Kranken/ den Patienten **zu Hause pflegen***	**soigner** le malade/ le patient **à domicile**
*der **ambulante Pflegedienst***	**le service de soins à domicile**

---

*Er/ Sie **ist ein Pflegefall**.*	Il/ Elle **est dépendant(e)**.
*Eine **Pflegekraft** kommt drei Mal am Tag ins Haus.*	Une **soignante** vient trois fois par jour à domicile.
*Die Pflegekräfte sind **überlastet**.*	Les soignants sont **surchargés**.
*die **Pflege** finanzieren*	financer **les soins**
*die Pflege durch einen **Familienangehörigen***	les soins donnés par un **membre de la famille**

*Die Familienangehörigen sind **überfordert**.*	Les membres de la famille sont **dépassés**.
*Er/ Sie braucht **professionelle Pflege**.*	Il/ Elle a besoin de **soins professionnels**.

Aufenthalt im Altenheim/Pflegeheim

*Sein/ Ihr **Gesundheitszustand** hat sich verschlechtert. (sich verschlechtern)*	Son **état de santé** s'est dégradé. *(se dégrader)*
*in ein **Seniorenheim** gehen*	aller dans une **maison de retraite**
*die Kosten eines **Altenheims** tragen*	supporter le coût d'une **maison de retraite**
*Die **Pflegeheime** sind teuer.*	Les **maisons de retraite médicalisées** sont coûteuses.
(teuer, kostspielig)	*(coûteux/ coûteuse)*
eine Wohnung** in einem Altenheim **mieten	**louer un appartement** dans une maison de retraite
*eine gewisse **Selbstständigkeit** bewahren*	garder une certaine **indépendance**

10.2 Soziale Gruppen

Kluft zwischen Arm und Reich

*Die Armen **werden immer ärmer**.*	Les pauvres **sont de plus en plus pauvres**.
Die Reichen werden immer reicher.	Les riches sont de plus en plus riches.
*die ärmeren **Gesellschaftsschichten***	les **couches** *(f.)* **sociales** pauvres
*Die **Gesellschaft** bricht auseinander.*	La **société** se brise.

Soziale Ungleichheiten

*die Ungleichheiten zwischen den **sozialen Schichten***
les inégalités *(f.)* entre les **couches sociales**

*Die **soziale Herkunft** spielt eine bedeutsame Rolle.*
L'**origine** *(f.)* **sociale** joue un rôle important.

*Die **Bildungschancen** sind ungleich.*
L'**accès** *(m.)* **à la formation** est inégal.

*die Jugendlichen aus **Migrantenfamilien***
les jeunes issus de **familles migrantes**

*eine große Anzahl von **Migranten***
un grand nombre de **migrants**

*sehr **wenig Bildung** haben*
avoir très **peu de formation** *(f.)*

*die Personen **ohne Ausbildung***
les personnes **sans formation**

*Sie gehören einer **Risikogruppe** an. (angehören)*
Ils appartiennent à un **groupe à risque**. *(appartenir à)*

*Sie haben keine **berufliche Qualifikation**.*
Ils n'ont pas de **qualification professionnelle**.

***schlecht qualifiziert** sein*
être **mal qualifié(e)**

*die **Chancengleichheit** erhöhen*
augmenter l'**égalité des chances**

*in einer **multikulturellen Welt** leben*
vivre dans un **monde multiculturel**

Soziale Randgruppen

*eine **soziale Randgruppe***
un **groupe marginal**

***am Rande der Gesellschaft** leben*
vivre **en marge de la société**

*nicht in der Lage sein, **für seinen Lebensunterhalt** zu sorgen*
être incapable de **gagner sa vie**

---

*die Menschen **ohne festen Wohnsitz***
les personnes **sans domicile fixe**

*Er/Sie **ist obdachlos**.*	Il/Elle **est sans abri**.
*die entlassenen **Strafgefangenen** **resozialisieren***	**resocialiser** les personnes qui sortent de prison *(f.)*
*den **Drogenabhängigen** ein **Therapieprogramm** anbieten*	offrir un **programme de thérapie** aux **consommateurs de drogues**

---

*Die **Randgruppen** werden **diskriminiert**.*	Les **marginaux** sont **discriminés**.
*die **Diskriminierung** der Randgruppen*	la **discrimination** des marginaux
*Sie **sind** in vielen Bereichen der Gesellschaft **benachteiligt**.*	Ils **sont défavorisés** dans beaucoup de domaines de la société.
*sich solidarisch fühlen mit den **sozial Schwachen***	se sentir solidaire avec **les faibles de la société**
*seine **Solidarität** zeigen mit …*	montrer sa **solidarité** avec …

---

*einen **Sozialarbeiter** einstellen*	engager un **travailleur social**
*Ein **Sozialpädagoge** kümmert sich um …*	Un **éducateur social** s'occupe de …
*als **Streetworker** arbeiten*	travailler comme **éducateur de rue**
***Selbsthilfegruppen** gründen*	créer des **groupes d'entraide**
Lebensmittel verteilen an bedürftige Menschen	distribuer des aliments aux personnes qui se trouvent dans une situation difficile

10.3 Integration

Integrationsprobleme

sich in die Gesellschaft *integrieren*	**s'intégrer** dans la société
Sie **sind gut** in die Gesellschaft **integriert**.	Ils **sont bien intégrés** dans la société.
Integrationsprobleme haben	avoir des **problèmes d'intégration** *(f.)*.
Sie **sprechen kein Deutsch**.	Ils **ne parlent pas allemand**.
Deutsch lernen	**apprendre l'allemand**
Deutschkurse besuchen	suivre des cours d'allemand
gute Deutschkenntnisse haben	avoir **de bonnes connaissances de l'allemand**

Probleme in der Schule haben	avoir des **problèmes à l'école**
die Schule abbrechen	**abandonner l'école**
Sie finden keinen **Ausbildungsplatz**.	Ils ne trouvent pas de **place d'apprentissage**.
Sie haben keine **Berufsausbildung**.	Ils n'ont pas de **formation professionnelle**.

Zusammenleben von Muslimen und Nicht-Muslimen

mit den Türken *zusammenleben*	vivre ensemble avec les Turcs
Sie haben andere **Lebensgewohnheiten** als ...	Ils ont d'autres **habitudes** *(f.)* que ...
Vorurteile haben **gegenüber** den **Muslimen**	avoir des **préjugés** *(m.)* **contre** les **musulmans**
Manche **muslimische Frauen** tragen das Kopftuch/ den Schleier.	Certaines **femmes musulmanes** portent le foulard/ le voile.
aus religiösen Gründen	pour des raisons religieuses

---

in einer **Parallelwelt** leben	vivre dans un **monde parallèle**
in einem **Ghetto** leben	vivre dans un **ghetto**
Sie bleiben unter sich.	**Ils restent entre eux.**

10.4 Ausländer

Zuwanderung

die **Zuwanderung** erleichtern/ begrenzen	faciliter/ limiter l'**immigration** *(f.)*
aus dem Ausland kommen	**venir de l'étranger**
Die **Zuwanderer** sind gut ausgebildet.	Les **immigrés** sont bien qualifiés.
die **Qualifikation** der Zuwanderer	la **qualification** des immigrés

―――――――

eine **Aufenthaltsgenehmigung** für fünf Jahre haben	avoir un **permis de séjour** de cinq ans
seine Familie **nachkommen lassen**	**faire venir** sa famille
Sie sind **legal** in Deutschland.	Ils sont **légalement** *(adv.)* en Allemagne.
Sie sind ***illegal eingewandert***.	Ils ont **immigré illégalement** *(adv.)*.
schlechte Deutschkenntnisse haben	avoir **de mauvaises connaissances de l'allemand**
Sie haben keine **Arbeitserlaubnis**.	Ils n'ont pas de **permis** *(m.)* **de travail**.

―――――――

die türkische **Staatsbürgerschaft** besitzen	avoir la **nationalité** turque

*die **doppelte** Staatsangehörigkeit besitzen*	avoir la **double nationalité**
*die **deutsche Staatsbürgerschaft** durch Heirat erwerben*	obtenir la **nationalité allemande** par mariage

Flüchtlingsproblem

*das **Flüchtlingsproblem** lösen*	résoudre le **problème des** réfugiés *(m.)*
***politische Flüchtlinge** aufnehmen*	accueillir des **réfugiés politiques**
Sie sind nach Algerien geflüchtet. (flüchten)	Ils se sont réfugiés en Algérie. *(se réfugier)*
*Sie sind **Wirtschaftsflüchtlinge**.*	Ils sont des **réfugiés économiques**.

---

*die Aufnahmebedingungen für die **Asylbewerber***	les conditions d'accueil des **demandeurs d'asile**
Asyl beantragen	**demander l'asile** *(m.)*
Asyl erhalten	**obtenir l'asile**
die Asylpolitik ändern	changer la politique d'asile
*die **Flüchtlinge** in ihre Heimat **zurückschicken***	**renvoyer** les **réfugiés** dans leur pays *(m.)*
*in sein **Herkunftsland** zurückkehren*	retourner dans son **pays d'origine**

Ausländerfeindlichkeit

*Es gibt Leute, die **sind gegen Ausländer**.*	Il y a des gens qui **sont contre les étrangers**.
*Sie **lehnen** die Ausländer ab. (ablehnen)*	Ils **rejettent** les étrangers. *(rejeter)*

Es gibt eine Minderheit, die **ausländerfeindlich ist**. *(feindlich gesinnt sein)*	Il y a une minorité qui **est hostile aux étrangers**. *(être hostile à qn)*
die unerwünschten Ausländer **abschieben**	**expulser** les étrangers indésirables

---

die Ausländer **diskriminieren**	**discriminer** les étrangers
die **Diskriminierung** der Ausländer auf dem Arbeitsmarkt	la **discrimination** des étrangers sur le marché du travail
intolerant sein gegenüber den Ausländern	**être intolérant envers** les étrangers
die Gründe für diese **Intoleranz**	les raisons de cette **intolérance**
Sie sind nicht **tolerant**.	Ils ne sont pas **tolérants**.
Sie zeigen keine **Toleranz**.	Ils ne montrent pas de **tolérance** *(f.)*.

Rassismus

rassistische Gedanken äußern	exprimer des idées **racistes**
Es existiert ein gewisser **Rassismus** in der Gesellschaft.	Il existe un certain **racisme** dans la société.
seine Tat rechtfertigen **aus Hass auf die Ausländer**	justifier son acte **par la haine des étrangers**
Es gibt immer wieder **Überfälle auf Ausländer**.	Il y a toujours des **attaques** *(f.)* **contre les étrangers**.
Die Täter **sind Rechtsradikale**.	Les auteurs sont **d'extrême droite**.
Es sind **Skinheads/ Neonazis**.	Ce sont des **skinheads/ des néonazis**.

11 Wirtschaft

11.1 Wirtschaft und Globalisierung

Wirtschaftliche Situation

*Der **Wirtschaft** geht es wieder besser.*	L'**économie** *(f.)* va mieux.
*Das Schlimmste an der **Wirtschaftskrise** ist vorbei.*	Le pire de la **crise économique** est passé.
*Die **Unternehmen** investieren wieder. (investieren)*	Les **entreprises** *(f.)* investissent. *(investir)*
*die **Investitionen** in die Zukunft*	les **investissements** *(m.)* dans l'avenir
*Das **Wirtschaftswachstum** ist um 0,7 % gestiegen.*	La **croissance économique** a augmenté de 0,7 pour cent.
*die **Produktivität** steigern*	augmenter la **productivité**
*Es gibt keine **Rezession**.*	Il n'y a pas de **récession** *(f.)*.

Globalisierung

*von der **Globalisierung** profitieren*	profiter de la **globalisation**
*die **Billigkonkurrenz** aus China*	la **concurrence à bas prix** de la Chine
Die Produktionskosten *sind nicht so hoch.*	**Le coût de la production** est moins élevé.
Diese Firma leidet unter der Globalisierung.	Cette entreprise souffre de la globalisation. *(souffrir)*
*Sie kann nicht mit den **Billigprodukten** aus Asien **konkurrieren**.*	Elle ne peut pas **concurrencer** avec les **produits à bas prix** de l'Asie.

Industrie

in der Industrie arbeiten	travailler **dans l'industrie** *(f.)*
*In der Industrie verdient man mehr als in der **Landwirtschaft**.*	Dans l'industrie, on gagne plus que dans l'**agriculture**.
*die **industrielle Entwicklung***	le **développement industriel**
*Meine Firma will in Asien **expandieren**.*	Mon entreprise *(f.)* veut **prendre de l'expansion** *(f.)* en Asie.
vom **Export** leben	vivre de l'**exportation** *(f.)*
*seine **Produkte** in die ganze Welt exportieren*	**exporter** ses **produits** dans le monde entier
***neue Märkte** erschließen*	créer **de nouveaux marchés**
*die Stellung auf dem **Weltmarkt** verbessern*	améliorer la position sur le **marché mondial**

---

billiger produzieren	**produire moins cher**
*die **Produktion** ins Ausland **verlagern***	**tansférer** la **production** à l'étranger
*seine Produkte in Asien **herstellen***	**fabriquer** ses produits en Asie
*Diese Produkte werden in **Billiglohnländern** hergestellt.*	Ces produits sont fabriqués dans des **pays à bas salaire**.
*in den chinesischen **Fabriken***	dans les **usines** chinoises
*Die Arbeitskräfte werden **ausgebeutet**.*	Les ouvriers sont **exploités**.
*Die **Arbeitsbedingungen** sind unmenschlich.*	Les **conditions de travail** sont inhumaines.

11.2 Wirtschaftspolitik

Arbeitslosigkeit und Jobsuche

*Die **Arbeitslosigkeit** ist im Januar stark gesunken.*
Le **chômage** a fortement *(adv.)* baissé en janvier.

*Die Zahl der **Arbeitslosen** ist um 5 % gestiegen.*
Le nombre des **chômeurs** a augmenté de cinq pour cent.

*Stellen schaffen für die **Langzeitarbeitslosen***
créer des emplois pour les **chômeurs de longue durée**

---

*seit langem **arbeitslos sein***
être au chômage depuis longtemps

*Er/ Sie **findet keine Arbeit**.*
Il/ Elle **ne trouve pas de travail**.

*Er sucht **eine Stelle** als Architekt.*
Il cherche **un emploi** d'architecte.

*Er/ Sie **hat** viele **Bewerbungen** **geschrieben**.*
Il/ Elle **a écrit** beaucoup de **lettres de candidature**.

*Man hat ihn/sie **abgelehnt**.*
On l'a **refusé(e)**.

*Er/ Sie hat zu wenig **Berufserfahrung**.*
Il/ Elle a trop peu d'**expérience professionnelle**.

---

*Seine/ Ihre Firma **hat Bankrott gemacht**.*
Son entreprise *(f.)* **a fait banqueroute**.

*Man hat alle Leute **entlassen**.*
On a **licencié** toutes les personnes.

*Er/ Sie hat seinen/ihren **Arbeitsplatz** verloren.*
Il/ Elle a perdu son **emploi**. *(perdre)*

---

*Die Lage **auf dem Arbeitsmarkt** ist ziemlich schlecht.*
La situation **sur le marché du travail** est assez mauvaise.

*neue **Arbeitskräfte einstellen***
embaucher de nouveaux **travailleurs**

*Die **Konjunktur** läuft noch nicht rund.*	La **conjoncture** n'est pas encore favorable.
*Es gibt keine **Arbeitsplatzgarantie** für die Zukunft.*	Il n'y a pas de **garantie** *(f.)* **d'emploi** pour l'avenir.
Die Arbeitsplätze sind nicht sicher.	Les emplois ne sont pas stables.

Löhne

*Die **Löhne** sind sehr niedrig.*	Les **salaires** sont très faibles.
Die Löhne sind gestiegen/ sind gesunken.	Les salaires ont augmenté/ ont baissé.
*Er/ Sie hat einen **Minijob**.*	Il/ Elle a un **minijob**.
Er/ Sie verdient 400 Euro im Monat.	Il/ Elle gagne 400 euros par mois.
*für einen **Niedriglohn** arbeiten*	travailler pour un **bas salaire**
Das reicht nicht zum Leben.	Cela ne suffit pas pour vivre.
*die **Mindestlöhne** erhöhen*	augmenter les **salaires minimum** [minimɔm]

---

*die **Löhne** zwischen Männern und Frauen **angleichen***	**égaliser les salaires** entre les hommes et les femmes
Die Löhne sind nicht gleich. (gleich)	Les salaires ne sont pas égaux. *(égal(e); m. pl.: égaux)*
*Frauen **verdienen weniger als** Männer.*	Les femmes **gagnent moins que** les hommes.
*die **Ungleichheit** der Löhne beseitigen*	supprimer l'**inégalité** *(f.)* des salaires
*die Löhne **an die Inflation anpassen***	**adapter** les salaires **à l'inflation** *(f.)*

---

*Die Piloten **streiken** wegen einer **Lohnerhöhung**.*	Les pilotes **font grève** pour une **augmentation des salaires**.

*den **Streik** während der Ferienzeit verbieten*   interdire la **grève** pendant les vacances

Rentenalter, Frauenquote, Schwarzarbeit

*mit 67 **in Rente** gehen*   **prendre sa retraite** à 67 ans

*Er/ Sie **ist in Rente**.*   Il/ Elle **est à la retraite**.

***von seiner** (Alters-)**Rente** leben*   **vivre de sa pension de retraite**

*Beiträge zahlen für **seine private Altersrente***   cotiser **pour sa retraite privée**

---

*Es gibt sehr wenig Frauen **an der Spitze eines Unternehmens**.*   Il y a très peu de femmes qui sont **à la tête d'une entreprise**.

die Anzahl der Frauen in den Entscheidungsgremien erhöhen   augmenter le nombre des femmes dans les postes de décision

*eine **Frauenquote** einführen*   introduire un **pourcentage de femmes**

eine Quote von 40 % anwenden   appliquer un pourcentage de 40 pour cent

---

*Die **Schwarzarbeit** ist eine Realität.*   Le **travail au noir** est une réalité.

***schwarzarbeiten** in einem Restaurant*   **travailler au noir** dans un restaurant

***Schwarzarbeiter** beschäftigen*   employer des **travailleurs au noir**

12 Staat, Politik

12.1 Kriminalität, Gewalt

Kriminalität

*Die **Kriminalität** hat zugenommen.*	La **délinquance**/ La **criminalité** a augmenté.
*der Kampf gegen die **organisierte Kriminalität***	la lutte contre la **criminalité organisée**
die Zunahme der Gewalt	**la croissance de la violence**
den Anstieg der Gewalt analysieren	analyser la montée de la violence
Die Gewalt in der Schule darf man nicht dulden.	La violence à l'école est inacceptable.

---

*Die Polizei hat zwei **Kriminelle** festgenommen.*	La police a **arrêté** deux **criminels**.
*Er/ Sie zeigte ein **kriminelles Verhalten**.*	Il/ Elle a eu un **comportement criminel**.
*Er/ Sie **hat ein** schlimmes **Verbrechen begangen**.*	Il/ Elle **a commis un crime** grave. *(commettre)*
*eine **Straftat** begehen*	commettre un **délit**
*die Verbrechen **bekämpfen***	**lutter contre** les crimes
die Verbrechensbekämpfung	**la lutte contre la délinquance**

---

*die **Wirtschaftskriminalität** bekämpfen*	lutter contre la **criminalité économique**
*der Kampf gegen die **Korruption***	la lutte contre la **corruption**
*die **Drogenkriminalität** aktiver bekämpfen*	lutter plus activement *(adv.)* contre la **criminalité de drogue**

Diebstahl, Einbruch, Beschädigung

*Man hat mir meinen MP3-Player **gestohlen**.*   On m'a **volé** mon lecteur MP3.

*den **Diebstahl** bemerken*   remarquer le **vol**

*den **Dieb** finden*   retrouver le **voleur**

*Bei unserem Nachbarn **wurde eingebrochen**.*   **On a cambriolé** chez notre voisin.

*die **Polizei** informieren*   informer la **police**

*Der **Einbruch** war in der Nacht vom 10. zum 11. April.*   Le **cambriolage** s'est passé dans la nuit du 10 au 11 avril.

*den **Einbrecher** schnappen*   attraper le **cambrioleur**

---

*Man hat mein Auto **aufgebrochen**.*   On a **fracturé** ma voiture.

*Man hat mir die Scheibe **eingeschlagen**.*   On m'a **cassé** la glace.

*Man hat mir den Außenspiegel **kaputtgemacht**.*   On m'a **démoli** mon rétroviseur extérieur.

*Autos **anzünden***   **incendier** des voitures

Banküberfall

eine Bank überfallen   **attaquer une banque**

*Es gab einen **bewaffneten Banküberfall**.*   On a fait un **hold-up** [ɔldœp].

*Der **Gangster** war bewaffnet.*   Le **gangster** [gãgstɛʀ] était armé.

*die Bankangestellten mit einer **Pistole** bedrohen*   **menacer** les employés de banque avec un **pistolet**

*Er ist mit dem **geraubten Geld** verschwunden.*   Il a disparu avec l'**argent volé.** *(disparaître)*

Mord, Vergewaltigung, Entführung

*Er hat seine Frau **getötet**.*	Il a **tué** sa femme.
*Er hat eine junge Frau **ermordet**.*	Il a **assassiné** une jeune femme.
*ein grausames **Verbrechen***	un **crime** cruel
*die **Grausamkeit** des Verbrechens*	la **cruauté** du crime
*Man hat **den Mord an dieser Frau** aufgedeckt.*	On a découvert **le meurtre de cette femme**. *(découvrir)*
*Man hat den **Mörder** noch nicht gefasst.*	On n'a pas encore arrêté l'**assassin**/ le **meurtrier**.

---

*Man beschuldigt ihn, eine Frau **vergewaltigt** zu haben.*	On l'accuse d'avoir **violé** une femme.
*Er ist **unschuldig**.*	Il est **innocent**.
*Er hat ein **Alibi**.*	Il a un **alibi**.
*Es ist nicht bewiesen, dass er **schuldig** ist.*	Il n'est pas prouvé qu'il est **coupable**.
*Er hat ein 14-jähriges Mädchen **entführt**.*	Il a **enlevé** une jeune fille de 14 ans.
*Er wurde wegen **Entführung** und **Vergewaltigung** verurteilt.*	Il a été condamné pour **enlèvement** *(m.)* et **viol** *(m.)*.
*Er wurde zu 10 Jahren Gefängnis **verurteilt**.*	Il a été **condamné** à dix ans de prison.

---

*Das ist eine harte **Bestrafung**.*	C'est une **punition** sévère.
*Man muss den Täter hart **bestrafen**.*	Il faut **punir** sévèrement *(adv.)* l'auteur.

---

*Ich bin gegen die **Todesstrafe**.*	Je suis contre la **peine de mort**.
*die Todesstrafe **abschaffen***	**abolir** la peine de mort

12.2 Jugendgewalt

Problem der Gewalt

das Problem der **Jugendgewalt**	le problème de la **violence des jeunes**
gewalttätig werden	devenir **criminel**
Gewalttaten begehen	commettre des **actes** *(m.)* **violents**
die Zahl der **jugendlichen Gewalttäter**	le nombre des **jeunes criminels**
Die **Täter** werden immer jünger/ **immer brutaler**.	Les **auteurs** sont de plus en plus jeunes/ **de plus en plus violents**.
Die **Aggressivität** bei den Jugendlichen ist stark angestiegen.	L'**agressivité** *(f.)* chez les jeunes a fortement *(adv.)* augmenté.
die Gründe für das **aggressive Verhalten**	les raisons *(f.)* du **comportement agressif**

Gewalttaten

einen Passanten **überfallen**	**attaquer** un passant
ein **Überfall auf** eine Frau	**une attaque sur** une femme
einen Passanten **niederschlagen**	**abattre** un passant
Er wurde brutal **zusammengeschlagen**.	**Il a été** brutalement *(adv.)* **abattu**.
gegen den Kopf **treten**	**donner un coup de pied à** la tête
Man hat ihn ins Gesicht geschlagen.	On l'a **frappé** au visage.
das Portemonnaie **rauben**	**voler** le porte-monnaie
Opfer von Kriminalität werden	**être victime d'un acte criminel**

Motive und Maßnahmen

Konflikte mit Gewalt lösen — résoudre les conflits par la violence

Gewalt vermittelt ihnen das Gefühl von Macht. — La violence leur donne le sentiment d'être puissants.

Sie wollen Stärke demonstrieren. — Ils veulent montrer leur puissance *(f.)*.

Sie haben keine **Schuldgefühle**. — Ils n'ont pas de **sentiment de culpabilité**.

seine Taten rechtfertigen — **justifier ses actes**

die Schuld auf das **Opfer** *schieben* — rejeter la faute sur la **victime**

Das **soziale Umfeld** *hat großen Einfluss auf …* — Le **milieu social** a une grande influence sur …

in schwierigen Verhältnissen *leben* — vivre **dans des conditions difficiles**

wenig Bildung haben — avoir peu de formation

die Wirkung der **häuslichen Gewalt** *auf die Kinder* — les effets *(m.)* de la **violence familiale** sur les enfants

Die Gruppe **hat eine große Bedeutung für** *…* — Le goupe **a une grande importance pour** …

die Anerkennung der anderen suchen — chercher l'appréciation des autres

Präventionsmaßnahmen *durchführen* — organiser des **mesures** *(f.)* **de prévention**

ein Konzept für die **Gewaltprävention** *an Schulen ausarbeiten* — élaborer un concept de **prévention contre la violence** à l'école

12.3 Terrorismus

*Die **Terrorgefahr** ist immer präsent.*
Le **danger terroriste** est toujours présent.

*die Angst vor **Terroranschlägen***
la peur d'**attentats** *(m.)* **terroristes**

die Anschläge voraussehen
prévoir les attentats

Es gibt keine absolute Sicherheit.
Il n'y a pas de sécurité *(f.)* absolue.

---

einen Anschlag verüben auf …
commettre un attentat contre …

Sprengstoffanschläge *verüben*
commettre des **attentats au plastic**

*einen **Bombenanschlag** planen*
projeter un **attentat à la bombe**

***Terrorakte** verhindern*
empêcher des **actes terroristes**

Man hat Anschlagspläne auf Bahnhöfe aufgedeckt.
On a découvert des projets d'attentats contre des gares.

*den **Sprengsatz** unter einem Auto platzieren*
placer la **charge explosive** sous une voiture

die Bombe in einer größeren Menschenmenge zünden
allumer la bombe dans une grande foule de gens

so viele Menschen wie möglich töten
tuer le plus de personnes possible

Bei dem Anschlag wurden 20 Menschen getötet.
L'attentat a fait 20 morts.

*Er ist Mitglied in einer **Terrorgruppe**.*
Il est membre d'un **groupe terroriste**.

13 Umwelt, Klima, Energie

13.1 Umweltschutz

Umweltschutz

*sich für den **Umweltschutz** einsetzen*	s'engager pour l'**écologie** *(f.)*
*das **ökologische Bewusstsein** wecken*	réveiller la **conscience écologique**
*Ich bin in einer **Umweltschutzgruppe**.*	Je fais partie d'un **groupe écologique**.
*die **Umweltschützer** von Greenpeace*	les **écologistes** de Greenpeace
die Umwelt schützen	**protéger l'environnement**
*die Jugendlichen für die Probleme der Natur **sensibilisieren***	**sensibiliser** les jeunes aux problèmes de la nature
*zum **Umweltschutz** beitragen*	contribuer à la **protection de l'environnement** *(m.)*
*das **Ökosystem** zerstören*	détruire l'**écosystème** *(m.)*
*die **Umweltprobleme** lösen*	résoudre les **problèmes de l'environnement**
die Umwelt zerstören	détruire l'environnement
*die **Natur** ausbeuten*	exploiter la **nature**
*die Folgen der **Umweltzerstörung***	les conséquences de la **destruction de l'environnement**

Ökologische Probleme

*Man muss versuchen, die Luft weniger zu **verschmutzen**.*	Il faut essayer de moins **polluer** l'air.
*die **Wasserverschmutzung***	la **pollution de l'eau**
*Die Böden sind **verseucht**.*	Les sols sont **contaminés**.

die **Verseuchung** der Böden durch die Pestizide	la **contamination** des sols par les pesticides

---

die Weltbevölkerung **ernähren**	**nourrir** la population mondiale
Die **Ernährung** der **Weltbevölkerung** stellt ein großes Problem dar.	L'**alimentation** (f.) de la **population mondiale** pose un gros problème.
genügend **Nahrungsmittel** produzieren	produire assez d'**aliments**
die **Nahrungsmittelproduktion**	la **production alimentaire**

13.2 Verkehr und Umwelt

Verkehrsprobleme

Verkehrsprobleme verursachen	causer des **problèmes de circulation**
Der **Verkehr** hat stark zugenommen.	La **circulation** a fortement (adv.) augmenté.
Es gibt zu viele **Lastwagen** auf den **Autobahnen**.	Il y a trop de **camions** (m.) sur les **autoroutes** (f.).
Sie verstopfen die Autobahnen.	Ils bouchent les autoroutes.
die Lkws von den Autobahnen verbannen	chasser les camions des autoroutes
Es ist oft schwierig, die Lkws zu überholen.	Il est souvent difficile de doubler les camions.
eine **Maut** für die ausländischen Lkws	un **péage** pour les camions étrangers
eine **Pkw-Maut** einführen	introduire un **péage pour les voitures**

Umweltverschmutzung

*Der **Straßenverkehr** ist die Hauptursache für die **Umweltverschmutzung**.*
Le **trafic routier** est la principale cause de la **pollution**.

*Der **Autoverkehr** stößt immer mehr **Kohlendioxid** aus.*
La **circulation routière** émet de plus en plus de **gaz carbonique**. *(émettre)*

*den **CO2-Ausstoß** verringern*
réduire les **émissions de CO2**

Der CO2-Ausstoß ist zwei Mal so schnell gestiegen wie der Verkehr.
Les émissions de CO2 ont augmenté deux fois plus vite que le trafic.

Lärmschutz

*den **Lärm** des Straßenverkehrs verringern*
réduire le **bruit** du trafic routier

*Der Lärm **macht krank**.*
Le bruit **rend malade**. *(rendre)*

*Der Lärm produziert **Stress**.*
Le bruit provoque du **stress**.

*die **Folgen des Lärms** für die Gesundheit*
les **conséquences du bruit** pour la santé

***Lärmschutzwände** errichten*
construire des **murs anti-bruit**

*die Bevölkerung **vor dem Lärm** schützen*
protéger la population **contre le bruit**

*Der **Lärmschutz** ist ein wichtiger Faktor für die Lebensqualität.*
La **protection contre le bruit** est un facteur important de la qualité de la vie.

Elektroauto

*Das **Elektoauto** ist **umweltfreundlich**.*
La **voiture électrique** est **écologique**.

*Es **produziert kein CO2**.*
Elle **ne produit pas de CO2**.

*das **Batterieproblem** lösen*
résoudre le **problème de batterie**

eine Batterie mit einer Reichweite von 1.000 km

une batterie pour faire mille kilomètres

das Elektroauto der neuen Generation

la voiture électrique de la nouvelle génération

13.3 Klimawandel

Klimaänderung

*Das **Klima** verändert sich.*

Le **climat** change.

*unter den Folgen des **Klimawandels** leiden*

souffrir des conséquences du **changement climatique**

*Der **Wassermangel** ist ein globales Problem.*

Le **manque d'eau** est un problème global.

in den Entwicklungsländern

dans les pays en voie de développement

*aufhören **Wasser** zu **verschwenden***

arrêter de **gaspiller de l'eau**

weniger Wasser verbrauchen

consommer moins d'eau

*den **Wasserverbrauch** einschränken*

réduire la **consommation d'eau**

die Regenwälder abholzen

déboiser les forêts tropicales

Wenn man fortfährt, die Regenwälder abzuholzen, …

Si on continue de déboiser les forêts tropicales, …

*Die **intensive Landwirtschaft** ist verantwortlich für die Abholzung der Wälder.*

L'**agriculture intensive** est responsable du déboisement des forêts.

Folgen des Klimawandels

*Die **globale Temperatur** steigt langsam an.*

La **température globale** monte lentement *(adv.)*.

Die Erde wird wärmer.

La Terre se réchauffe.

*ein Zusammenhang zwischen den **Wirbelstürmen** und der **Erderwärmung***	un lien entre les **cyclones** *(m.)* et le **réchauffement de la Terre**
*Die **Trockenheit** nimmt zu.*	La **sécheresse** augmente.
*Die Gefahr von **Waldbränden** ist sehr hoch.*	Le risque d'**incendies** *(m.)* **de forêts** est très élevé.

---

*Das **arktische Eis taut** viel schneller als erwartet.*	**La glace arctique fond** beaucoup plus vite que prévu. *(fondre)*
*Die **Gletscher** schmelzen in den Alpen.*	Les **glaciers** (m.) fondent dans les Alpes.
*Es gibt immer mehr **Überschwemmungen**.*	Il y a de plus en plus d'**inondations** *(f.)*.
*Man darf die Gefahr von **Orkanen** nicht unterschätzen.*	Il ne faut pas sous-estimer le risque d'**ouragans** *(m.)*.
*die Gefahr von **starken Regenfällen***	le risque de **grosses pluies**
*Es wird mehr **heftige Stürme** geben.*	Il y aura un plus grand nombre de **tempêtes** *(f.)* **violentes**.

13.4 Energieproblem

Energieverbrauch

*eine Lösung für die **Energieprobleme***	une solution aux **problèmes d'énergie** *(f.)*
weniger Energie verbrauchen	**consommer moins d'énergie**
*den **Energieverbrauch** drosseln*	réduire la **consommation d'énergie**
*Energie **einsparen***	**économiser** de l'énergie
*zu viel Energie **verschwenden***	**gaspiller** trop d'énergie

Fossile Energien

*Das **Erdöl** wird in 30 Jahren ausgehen.*
Le **pétrole** va manquer dans 30 ans.

*das **Erdgas** aus Russland importieren*
importer le **gaz naturel** de Russie

Wir heizen mit Öl/ mit Gas/ mit Kohle.
Nous nous chauffons au mazout [mazut]/ au gaz/ au charbon.

*Wir haben eine **Ölheizung**/ eine **Gasheizung**.*
Nous avons un **chauffage au mazout**/ un **chauffage au gaz**.

*Es ist billiger, **mit Erdgas** zu **heizen**.*
Il est moins cher de **se chauffer au gaz naturel**.

*Der **Gaspreis** steigt immer mehr.*
Le **prix du gaz** augmente de plus en plus.

Im Moment ist Heizöl sehr teuer.
Actuellement *(adv.)*, le mazout coûte très cher.

---

*neue **Kohlekraftwerke** bauen*
construire de nouvelles **centrales** *(f.)* **de charbon**

*Die Kohlekraftwerke **verschmutzen** die Atmosphäre.*
Les centrales de charbon **polluent l'atmosphère**.

Kernkraft

*Viele Menschen sind gegen die **Kernkraft**.*
Beaucoup de personnes sont contre l'**énergie nucléaire**.

... sind für die Kernkraft.
... sont en faveur de l'energie nucléaire.

---

*Die **Kernkraftwerke** sind nicht hundertprozentig sicher.*
Les **centrales nucléaires** ne sont pas sûres à 100 pour cent.

die Sicherheit der Kernkraftwerke verbessern	améliorer la sûreté des centrales nucléaires
*die **Explosion** eines Kernkraftwerks*	l'**explosion** *(f.)* d'une centrale nucléaire
*eine Katastrophe für das **Ökosystem***	une catastrophe pour l'**écosystème** *(m.)*
*Dieses Gebiet **ist radioaktiv verseucht**.*	Cette région **est contaminée par la radioactivité**.
*wegen der **Radioaktivität***	à cause de la **radioactivité**
*Angst haben vor einer **Atomkatastrophe***	avoir peur d'une **catastrophe nucléaire**

---

die Kernkraftwerke abschalten	**arrêter les centrales nucléaires**
aus der Kernkraft aussteigen	sortir du nucléaire
*eine **Demonstration** gegen die Kernkraft*	une **manifestation** contre le nucléaire
*gegen die Kernkraft **demonstrieren***	**manifester** contre le nucléaire
gewaltsam demonstrieren gegen …	manifester avec violence contre …
*die **radioaktiven Abfälle** mit dem Zug transportieren*	transporter les **déchets radioactifs** par train
*Manche **Demonstranten** sind gewalttätig.*	Certains **manifestants** sont violents.

Erneuerbare Energien

*die **erneuerbaren Energien***	les **énergies renouvelables**
die Energien der Zukunft	les énergies d'avenir

Strom erzeugen mit Sonnenenergie	**produire de l'électricité** *(f.)* **avec l'énergie solaire**

viel Strom sparen	économiser beaucoup d'électricité
*Wir haben eine **Photovoltaikanlage**.*	Nous avons une **installation photovoltaïque**.
***Sonnenkollektoren** installieren auf ...*	installer des **panneaux photovoltaïques** sur ...
*sein Haus **mit Sonnenenergie** heizen*	**chauffer** sa maison **à l'énergie solaire**

---

*die **Windenergie** ausbauen*	développer l'**énergie éolienne**
*Es gibt immer mehr **Windkraftanlagen**.*	Il y a de plus en plus d'**éoliennes** *(f.)*.
Die Windkraftanlagen verschandeln die Landschaft.	Les éoliennes défigurent le paysage.
***Windparks** mitten im Meer bauen*	construire des **parcs** *(m.)* **éoliens** en pleine mer

---

*ein **Wasserkraftwerk** errichten*	construire une **centrale hydro-électrique**
die Bevölkerung mit Strom versorgen	fournir de l'électricité à la population

Vom gleichen Autor sind in der Buchreihe **smf** außerdem folgende Titel erschienen:

Richtig Französisch sprechen
Wortschatz für gutes Französisch
Französische Grammatik fürs Sprechen
Wieder fit in Französisch
Smalltalk Französisch
Französisch – Der Fitmacher
Französisch – Seine Meinung äußern
Kurzgrammatik für aktives Französisch
Französisch sprechen für Jugendliche
Die wichtigsten französischen Verben